依據國教院最新「國民小學科技教育及資訊教育課程發展參考說明」

課別	課程名稱	學習重點 - 學習
一	報告老師！ 我要學文書！	資議 t-Ⅱ-1 體驗常見的資訊系統。 資議 t-Ⅱ-2 體會資訊科技解決問題的過程。 資議 a-Ⅱ-1 感受資訊科技於日常生活之重要性。 科議 a-Ⅱ-1 描述科技對個人生活的影響。 英 4-Ⅱ-2 能書寫自己的姓名。 國 4-Ⅱ-4 能分辨形近、音近字詞，並正確使用。 國 6-Ⅱ-1 根據表達需要，使用各種標點符號。
二	老師謝謝您 - 感謝卡	資議 t-Ⅱ-1 體驗常見的資訊系統。 資議 t-Ⅱ-2 體會資訊科技解決問題的過程。 資議 a-Ⅱ-1 感受資訊科技於日常生活之重要性。 資議 a-Ⅱ-4 體會學習資訊科技的樂趣。 科議 k-Ⅱ-1 認識常見科技產品。 國 6-Ⅱ-4 書寫記敘、應用、說明事物的作品。 藝 1-Ⅱ-6 能使用視覺元素與想像力，豐富創作主題。
三	動物園遊記 - 我的作文	資議 t-Ⅱ-1 體驗常見的資訊系統。 資議 t-Ⅱ-2 體會資訊科技解決問題的過程。 資議 p-Ⅱ-2 描述數位資源的整理方法。 資議 a-Ⅱ-4 體會學習資訊科技的樂趣。 國 5-Ⅱ-4 掌握句子和段落的意義與主要概念。 綜 2d-Ⅱ-1 體察並感知生活中美感的普遍性與多樣性。
四	星座調查表	資議 t-Ⅱ-1 體驗常見的資訊系統。 資議 p-Ⅱ-2 描述數位資源的整理方法。 資議 t-Ⅱ-3 認識以運算思維解決問題的過程。 數 d-Ⅱ-1 報讀與製作一維表格、二維表格與長條圖，報讀折線圖，並據以 　　　　做簡單推論。 藝 3-Ⅱ-4 能透過物件蒐集或藝術創作，美化生活環境。
五	蝴蝶的一生 - 學習單	資議 t-Ⅱ-1 體驗常見的資訊系統。 資議 p-Ⅱ-2 描述數位資源的整理方法。 資議 t-Ⅱ-3 認識以運算思維解決問題的過程。 自 pa-Ⅱ-1 能運用簡單分類、製作圖表等方法，整理已有的資訊或數據。 藝 1-Ⅱ-6 能使用視覺元素與想像力，豐富創作主題。
六	防疫新生活 - 海報	資議 t-Ⅱ-1 體驗常見的資訊系統。 資議 p-Ⅱ-2 描述數位資源的整理方法。 健 2b-Ⅱ-1 遵守健康的生活規範。 國 5-Ⅱ-3 讀懂與學習階段相符的文本。
七	全球暖化大作戰 (救救北極熊) - 封面	資議 t-Ⅱ-1 體驗常見的資訊系統。 資議 p-Ⅱ-2 描述數位資源的整理方法。 資議 p-Ⅱ-3 舉例說明以資訊科技分享資源的方法。 資議 a-Ⅱ-3 領會資訊倫理的重要性。 自 INf-Ⅱ-5 人類活動對環境造成影響。 國 5-Ⅱ-3 讀懂與學習階段相符的文本。
八	全球暖化大作戰 (救救北極熊) - 內頁	資議 t-Ⅱ-1 體驗常見的資訊系統。 資議 p-Ⅱ-2 描述數位資源的整理方法。 資議 p-Ⅱ-3 舉例說明以資訊科技分享資源的方法。 綜 2c-Ⅱ-1 蒐集與整理各類資源，處理個人日常生活問題。 國 5-Ⅱ-3 讀懂與學習階段相符的文本。

本書學習資源

行動學習電子書

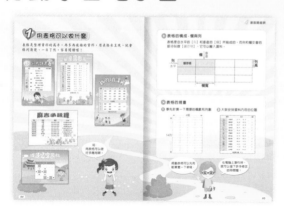

完全教學網站

| 第1課 | 第2課 | 第3課 | 第4 |

第1課 - 報台

影音、動畫·高品質教學

模擬介面·互動學習

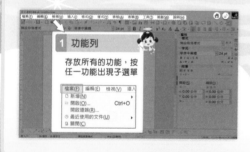

依據十二年國教新課綱編寫，統整式課程設計，
3D科技應用，創客課程，促進多元感官發展。

臺北市校園國小

⬇ 全書範例

| 課 | 第6課 | 第7課 | 第8課 |

要學文書！

▶ 全課播放

課程資源	播放檔	時間
	▶	01:02
	▶	01:45
reOffice 官方網站 園學生資源網 reOffice 下載	▶	01:53
識 Writer 介面	▶	03:30
例下載 點符號輸入教學 識注音輸入 識組合鍵	▶	01:11
	▶	-
例下載	▶	00:23
材下載	-	-

課程遊戲、高學習動機

測驗遊戲 · 總結性評量

範例練習用圖庫 · 延伸學習、個別差異

表情人物

可愛圖案

卡片用插圖

背景圖

目錄

統整課程

4 星座調查表 - 表格應用與美術字

數學　藝術

5 蝴蝶的一生 - 學習單 - 好用的圖表與繪圖工具

自然科學　藝術

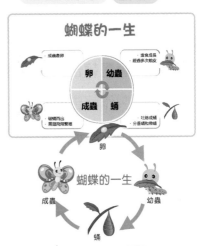

報告老師！我要學文書！

– 認識文書處理與 Writer

春曉

作者：孟浩然

製作：Ben

春眠不覺，

處處聞啼，

夜來　　　聲，

　　　落知多少。

學 習 重 點

◎ 認識【文書處理】軟體

◎ 學會輸入文字與符號

◎ 學會設定文字格式

◎ 學會插入圖片

統 整 課 程

英 語 文　國 語 文

我的文書處理 Writer

【Writer】文書處理軟體可以取代紙筆，將文字、圖片加以編排，變成一份圖文並茂的文件，讓你成為文書小達人喔！

用 Writer 可以做什麼

寫報告、做專題

生活分享

報告老師！
我要學文書！

做表格、卡片

在學校可以做公告、
考卷、獎狀...等！

小石頭國小

2 常見的文書處理軟體

常見的文書處理軟體有【Writer】、【Word】...等。一起來看看它們的差異吧！

▶ Writer

LibreOffice 的文書處理軟體叫【Writer】，是免費的自由軟體，功能與 Word 類似。

Writer 具有頁面與文字排版功能，是很好用的文書處理工具。

Word 是歷史悠久的文書編輯軟體，功能相當完整！

▶ Word

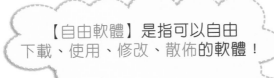

【自由軟體】是指可以自由下載、使用、修改、散佈的軟體！

軟體名稱	Writer	Word
來源	LibreOffice 系列	Microsoft Office 系列
性質	自由軟體 圖文編輯	商業軟體 圖文編輯
費用	免費	收費
適用的作業系統	Windows、Linux	Windows、Mac

小提示

此外，還有【Google 文件】也可以做文書編輯。

只要有 Google 帳號，就可隨時隨地上網使用，它雖然也是免費的，但功能比 Writer 或 Word 少。

免費

同學們如果有 Google 帳號，也可以試試看喔！

③ 安裝與執行 Writer

【Writer】是包含在【LibreOffice】系列中的軟體,想使用它,就必須安裝【LibreOffice】。你可以到下列網站下載:

官方網站	校園學生資源網	老師的教學網站
zh-tw.libreoffice.org	good.eduweb.com.tw	位置:

▶ 安裝LibreOffice

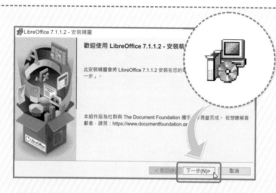

❶ 下載完成後,點兩下安裝程式,按【下一步】

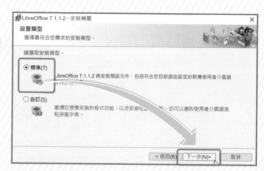

❷ 點選【標準】,按【下一步】

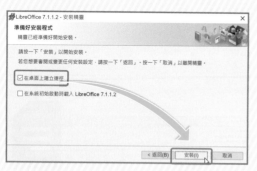

❸ 勾選【在桌面上建立捷徑】後,按【安裝】

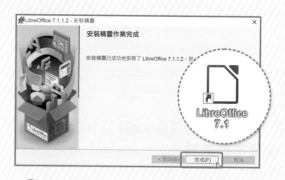

❹ 按【完成】,桌面上會顯示捷徑圖示

自由軟體的版本更新變化快速,如果你安裝完成後的版本與本書些微不同,不用擔心,基本的功能、操作與學習技巧都是一樣的。

▶ 啟動 Writer

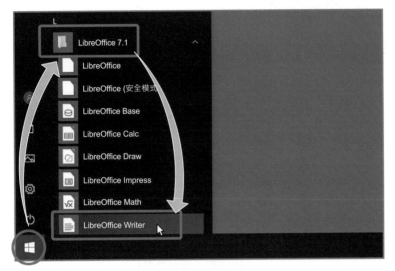

❶方法一

按 ⊞ 【開始】，點選
【LibreOffice7.1/
LibreOffice Writer】

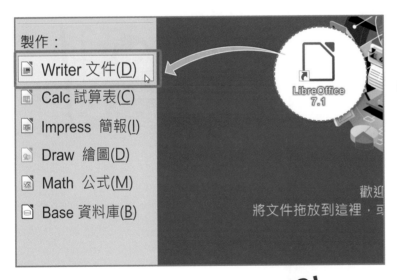

❷方法二

在桌面上點兩下捷徑圖示
，再點選【Writer 文件】

YES!

兩種方法
都學會了！

4 認識 Writer 操作介面

為了讓文書處理更得心應手，先來認識 Writer 的操作介面吧！

1 功能列

存放所有的功能，按任一功能出現子選單

2 工具列

常用的工具按紐

3 尺規

有水平、垂直方向，設定目前文字段落或測量圖片位置

4 編輯區

編輯文件的地方

5 繪圖工具列

各式各樣的繪圖工具

6 狀態列

顯示文件頁面、字數...等

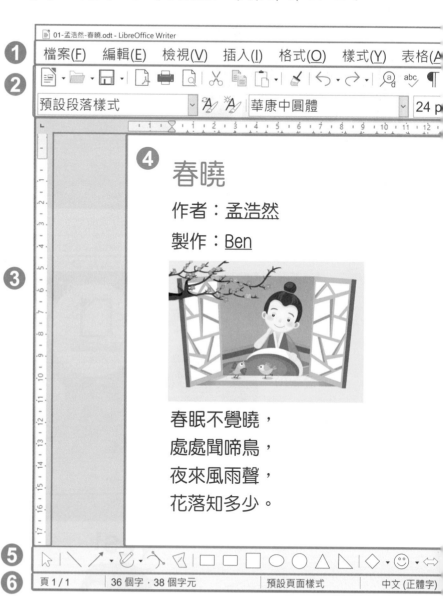

在 Linux 作業系統下開啟的【Writer】，只有視窗色彩上有些微的不同，其功能及操作上是一樣的喔！

開啟【認識介面】多媒體來玩玩看，可以加深印象喔！

7 側邊欄

數個功能鈕。
按【檢視/側邊欄】可顯示/隱藏 (或按Ⓐ【┃】)

8 工作窗格

側邊欄功能鈕的工作窗格。按功能鈕，可顯示/隱藏工作窗格

9 文件檢視

切換各種文件檢視模式

📄 單頁檢視

📄📄 多頁檢視

📖 書本檢視

10 顯示比例

按 ＋ 與 －，調整顯示比例

可以將工具列圖示變大，看得更清楚，依照下列的步驟將它放大吧！
【工具】標籤 / 選項 / 檢視 / 圖示大小 / 工具列 / 特大型

5 文字與符號的輸入練習

讓我們新增空白文件、放大一下顯示比例(輸入文字時看起來較大較清楚)，開始練習輸入吧！

▶ 新增空白文件與調整顯示比例

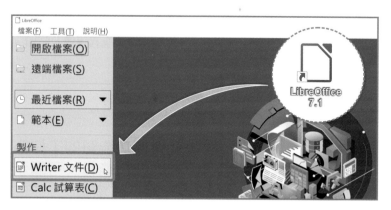

❶ 新增空白文件

在桌面上點兩下捷徑圖示，再點選【Writer 文件】或按【檔案 / 新增 / 文字文件】

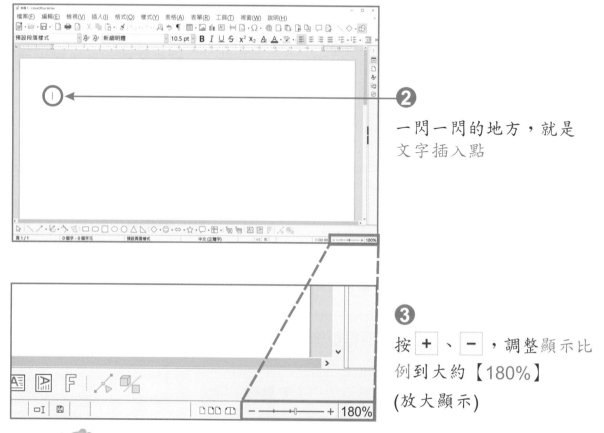

❷

一閃一閃的地方，就是文字插入點

❸

按 **+** 、 **─** ，調整顯示比例到大約【180%】(放大顯示)

▶ 輸入文字

讓我們以『微軟注音』輸入法來做示範，練習輸入文字與符號吧！

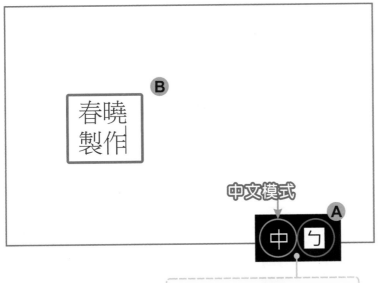

如果只出現 中，表示只安裝一種輸入法。

① 切換輸入法

A 選取『微軟注音』(或按 Ctrl + Shift 鍵切換)

B 輸入圖示的文字
(輸入第一排文字後，按一下 Enter 鍵換行)

春曉
製作：

② 輸入標點符號

按 Ctrl + Shift + 鍵，輸入【：】

完成後按 Enter 鍵確認
(虛線會消失)

春曉
製作：Ben

英文模式

英 ㄅ

③ 切換到英文模式

按一下 Shift 鍵，切換到英文模式，並完成圖示文字輸入

小提示

按住 Shift 鍵不放，再按英文字母，可輸入大寫英文。

文書處理加油站

輸入【標點符號】

A 輸入法切換到【注音】後，在 `中` 上按右鍵，選【輸入法整合器】。(或直接按快速鍵 `Ctrl` + `Alt` + `ㄌ`)

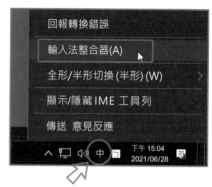

B 點選想要的符號。

C 也可以使用快速鍵，輸入標點符號。

逗號	`Ctrl` + `ㄌ` = ，	冒號	`Ctrl` + `Shift` + `ㄤ` = ：
句號	`Ctrl` + `ㄡ` = 。	問號	`Ctrl` + `Shift` + `ㄎ` = ？
分號	`Ctrl` + `ㄤ` = ；	驚嘆號	`Ctrl` + `Shift` + `ㄢ` = ！
頓號	`Ctrl` + `號` = 、		＊完成後按 `Enter` 鍵確認。

趕快學起來，打字更快、更輕鬆喔^^

小試身手 - 美編唐詩

▶ 開啟練習小檔案

為了避免重複學習，節省時間，讓我們關閉現有文件，開啟練習小檔案繼續練習吧！

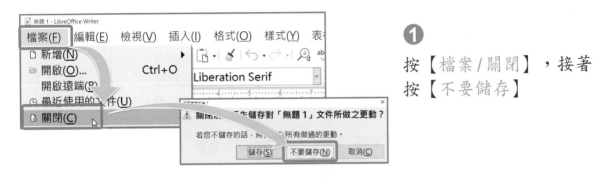

1 按【檔案 / 關閉】，接著按【不要儲存】

2 按【開啟檔案】

3 點選老師指定的範例檔案，按【開啟】
(01-練習小檔案.odt)

老師也有準備男、女生英文名字文字檔，可以找自己喜歡的名字，輸入到文件喔！

製作：Jack
製作：Kevin
......
製作：Amy
製作：Tina
......

▶ 設定文字格式

讓我們來設定【文字格式】，把單調的文字變漂亮吧！

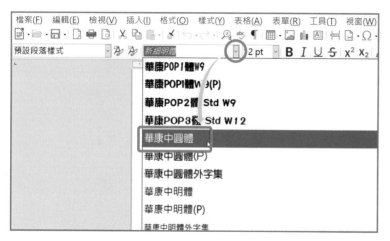

①

按 Ctrl + A 鍵全選文字

② 設定字型

點選【字型】下拉方塊 ∨ ，選擇喜歡的字型

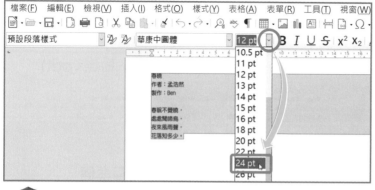

③ 設定大小

點選【大小】下拉方塊 ∨ ，選擇【24】

空白處點一下，取消選取

老師說

在網路上也有許多免費的自由字型，可以下載、安裝使用喔！
(本書光碟選單的【軟體下載】選項中，有提供一些快速連結。)

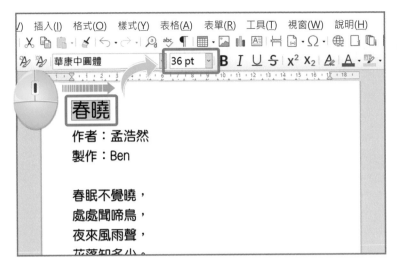

4 放大標題

按住左鍵，拖曳選取標題文字，將字級放大 (36)

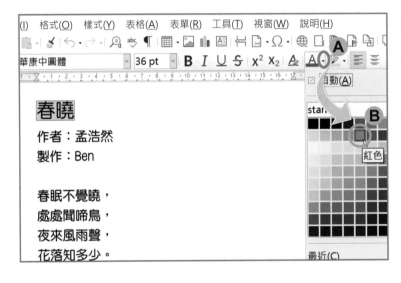

5 設定字元色彩

Ⓐ 點選 A -【字元色彩】下拉方塊 ▾

Ⓑ 選喜歡的顏色 (例：▉)

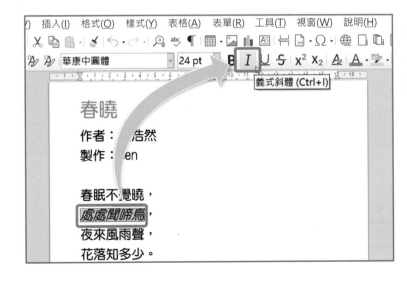

6 文字變斜體

拖曳選取第二行，按 *I*，讓文字傾斜

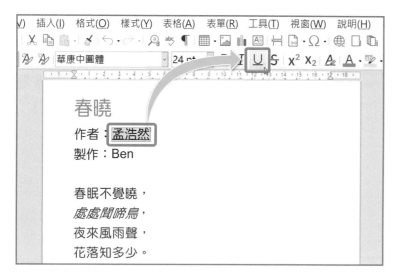

❼加底線

拖曳選取作者名，按
U，加上底線

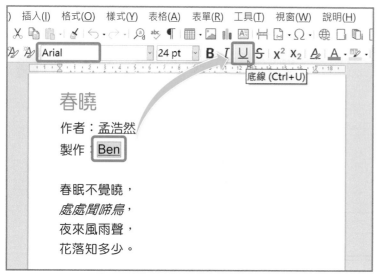

❽

最後拖曳選取製作人名，
選想要的英文字型，並加
上底線 U

Ben  Ben

💡 小提示

英文字選用英文字型，
會比較漂亮。

 老師說

文字還可以有多種變化，有空可以試試看喔！

▶ 插入圖片與縮放

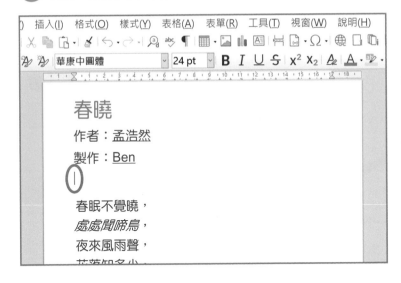

1 插入圖片

在圖示位置點一下，置入插入點

2

按【插入】選【影像】

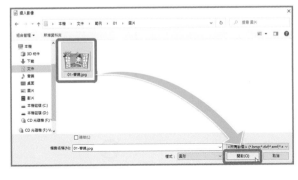

3

點選老師指定的圖片，按【開啟】

4

按 ⚓ 【錨定】選【作為字元】

小提示

圖片選作為字元，文字會自動上下分段。

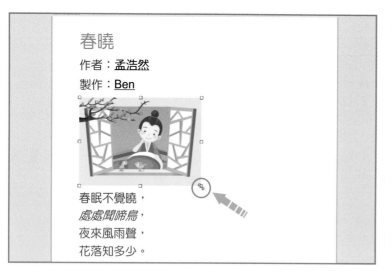

❺ 縮放圖片

拖曳圖片右下的 □ 控點，縮小約如圖示

游標移到四周 □ 控點，會出現的符號與功能：

⤢ ⤡　　等比例縮放

⟷　　左右縮放

↕　　上下縮放

▶ 儲存(另存新檔)

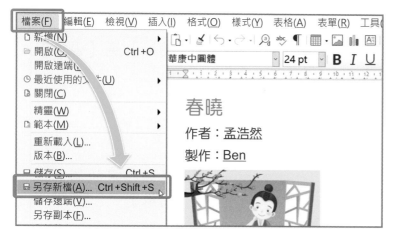

❶

按【檔案】選【另存新檔】

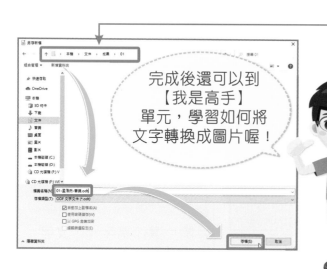

完成後還可以到
【我是高手】
單元，學習如何將
文字轉換成圖片喔！

❷

開啟儲存位置，可自訂名稱，然後按【存檔】

小提示

存檔類型預設是【odt】：

檔案名稱(N):	01-孟浩然-春曉.odt
存檔類型(T):	ODF 文字文件 (*.odt)

文書處理加油站

常見的文件檔案格式

檔案格式	檔案屬性
.odt	LibreOffice Writer 文件檔
.txt	純文字檔
.docx	新版 Word 2019/2016/2013/2010 預設格式
.doc	舊版 Word 97-2003 預設格式
.pdf	可攜式文件格式，可在不同電腦系統開啟

想儲存成用 Word 可以開啟的版本，在儲存檔案時，要將【存檔類型】指定為【.docx】或【.doc】格式。

檔案互轉真方便！

檔案名稱(N):	01-孟浩然-春曉.odt
存檔類型(T):	ODF文字文件 (*.odt)

ODF文字文件 (*.odt)
ODF文字文件範本 (*.ott)
Flat XML ODF 文字文件 (*.fodt)
Unified Office Format (UOF) 文字 (*.uot)
Word 2007 -365 (*.docx)
Word 2007 -365 範本 (*.dotx)
Word 2003 XML (*.xml)
Word 97- 2003 (*.doc)
Word 97- 2003 範本 (*.dot)
DocBook (*.xml)

隱藏資料夾

唐詩如何變得更有趣？一起試試看把文字轉換成圖片吧！

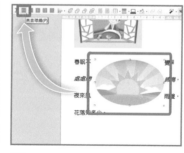

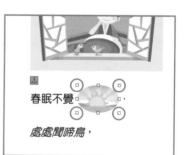

① 按 Enter 鍵將每一行距離拉大，再拖曳選取要變成圖片的文字，按【插入／影像】

② 圖片選取狀態下，按 【頁面環繞】

③ 拖曳圖片四角控點，調整大小及位置如圖示

春曉
作者：孟浩然
製作：Ben

春眠不覺　，

處處聞啼　，

夜來　　聲，

　　落知多少。

老師還有準備唐詩、童詩文字檔和圖片給大家練習喔！

靜夜思
作者：李白
作：Ben

　　明月光，

疑是地上　，

舉頭望　　，

低頭思　　。

美麗的大自然
作者：Dora

　升起掛天空，

　高飛入雲中，

　飛舞逛花叢，

蜜蜂忙得嗡嗡嗡。

④ 文字轉換成圖片，唐詩是不是有趣多了！

創意文字編排

運用巧思，發揮創意，還能將文字編排成各種創意造型喔(如右圖)！該怎麼做呢？有教學影片可以參考喔！

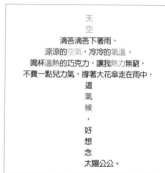

天
空
滴答滴答下著雨，
涼涼的空氣，冷冷的氣溫，
喝杯溫熱的巧克力，讓我熱力無窮，
不費一點兒力氣，撐著大花傘走在雨中，
遇
氣
候
，
好
想
念
太陽公公。

課 程 學 習 遊 戲 -校園打字GAME

用【校園打字 GAME】，來訓練一下中文指法與中文輸入吧！

☑ 語音提示　☑ 指法練習

☑ 語音提示　☑ 注音拼音

☑ 注音符號　☑ 隨機出題

☑ 中文單字　☑ 隨機出題

☑ 中文詞語　☑ 四字成語

☑ 整篇文章　☑ 總測驗

校園打字GAME，也可以從【校園學生資源網】的【遊戲】中找到喔！

校園學生資源網 http://good.eduweb.com.tw

練功囉

( ) **1** 下列哪個不是文書處理軟體？

　　1. Word　　　　　2. Writer　　　　3. PowerPoint

( ) **2** 常用到的工具按鈕在哪裡？

　　1. 功能列　　　　2. 工具列　　　　3. 文件編輯區

( ) **3** 哪一個按鍵可以切換中英文模式？

　　1. Ctrl　　　　　2. Enter　　　　　3. Shift

( ) **4** 想設定字元色彩，要按哪個按鈕？

　　1. A‧　　　　　2. A　　　　　　3. A

進階練習圖庫　　可愛圖案

在本書光碟【進階練習圖庫】資料夾中，有很多【可愛圖案】提供你做練習喔！

2 老師謝謝您-感謝卡

- 頁面設定與外部圖片應用

學習重點

◎ 知道卡片的種類

◎ 學會頁面設定與尺規運用

◎ 學會外部圖片應用

統整課程

國語文 藝術

用卡片傳達心意

想傳達心意與感謝，用卡片是個不錯的方式！如果能自己設計，那就更意義非凡！可是要怎麼做呢？用【Writer】就可以囉！

感謝卡

母親節卡

教師節卡

聖誕卡

新年賀卡

生日卡

這一課，就來示範用 Writer 製作一張感謝卡，送給我的好老師。

2 卡片大小我決定

卡片要做多大？要做成直的還是橫的？用【Writer】
要怎麼設定呢？先來了解它的頁面樣式吧！

YA！
我懂了！
那你呢？

▶ 頁面介紹

紙張格式

內建的紙張格式是：
A4 (21 x 29.7 公分)

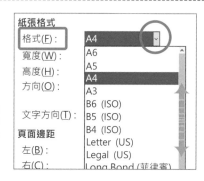

還有多種格式可選擇：
例：
A3 (29.7 x 42 公分)
A5 (14.8 x 21 公分)

方向

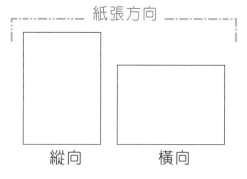

紙張方向

縱向　　　　　橫向

文字方向

感謝老師耐心教導與
鼓勵！

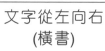

文字從左向右
(橫書)

文字從右向左
(直書)

頁面邊距

頁面邊距
左(B)：　2.00 公分
右(C)：　2.00 公分
上(D)：　2.00 公分
下(E)：　2.00 公分

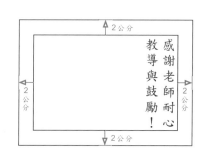

設定卡片頁面

為了節省打字時間，開啟練習小檔案，調整為適合卡片的 大小吧！

我們就以 A5 (21x14.8公分) 大小
、橫式、四周的邊距 0.5 公分
來製作感謝卡吧！

A4

A5

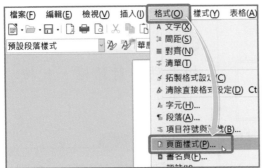

1

按【格式 / 頁面樣式】

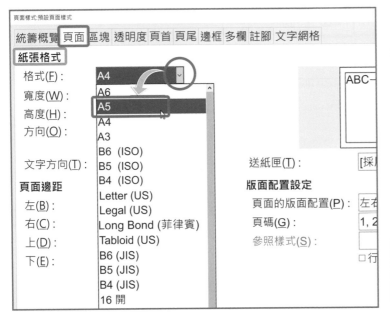

2 設定紙張格式

按【頁面】標籤，並設定
如左圖示

也可以直接在文件上，按
滑鼠右鍵，點選【頁面樣
式】，開啟這個視窗喔！

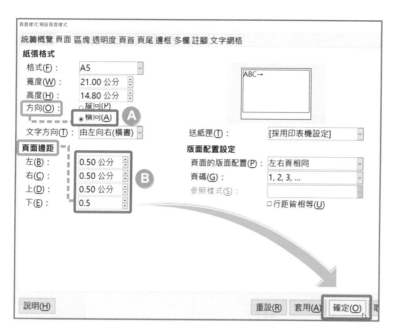

❸ 設定方向、頁面邊距

設定如左圖示，並按
【確定】

❹

如果跳出對話框，就按
【是】

小提示

邊距設定小於預設，會出
現超出列印範圍提示。

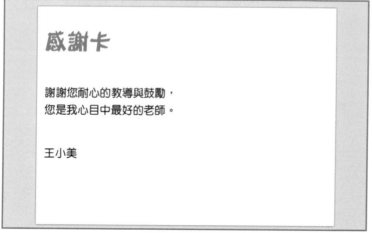

❺

YA！卡片頁面設定完成

▶ 標題置中對齊

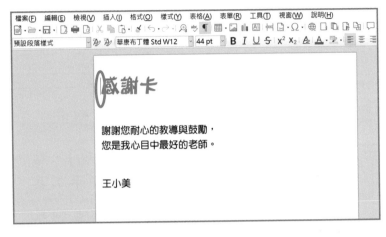

①

將插入點置於【感】字前

小提示

預設是 【左側對齊】。

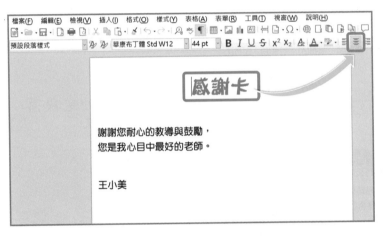

②

按 【置中】，標題立刻跑到頁面中間囉！

小提示

這是單行的對齊設定。

 老師說

記得按 Ctrl + A (全選)，再做設定喔！

除了針對單行設定外，也可以將整份文件內容做【對齊設定】，最常用的有：

感謝卡 謝謝您耐心的教導與鼓勵， 您是我心目中最好的老師。 王小美	感謝卡 謝謝您耐心的教導與鼓勵， 您是我心目中最好的老師。 王小美	感謝卡 謝謝您耐心的教導與鼓勵， 您是我心目中最好的老師。 王小美
左側對齊	置中	右側對齊

3 尺規運用好方便

Writer 有一個好用的尺規工具，它可以輕易設定文字段落的縮排和凸排，我們來認識一下！

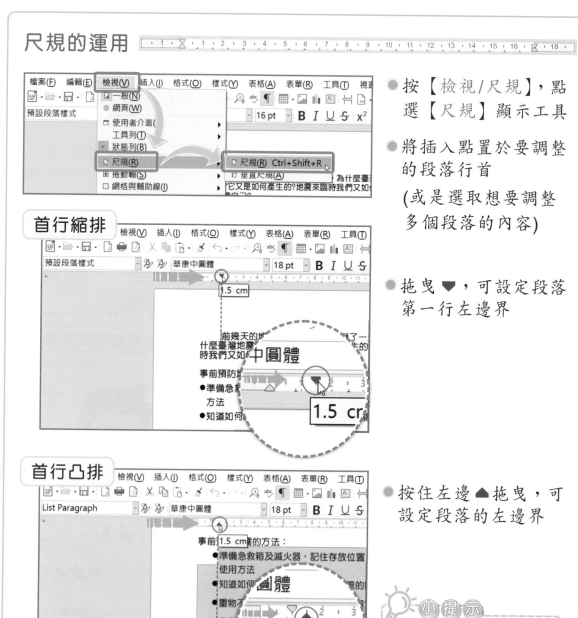

尺規的運用

● 按【檢視/尺規】，點選【尺規】顯示工具

● 將插入點置於要調整的段落行首
(或是選取想要調整多個段落的內容)

首行縮排

● 拖曳 ▼，可設定段落第一行左邊界

首行凸排

● 按住左邊 ▲ 拖曳，可設定段落的左邊界

小提示

拖曳右邊 ▲，則可設定段落的右邊界。

用尺規調整內文

卡片內文離邊距太近，看起來不舒服，讓我們利用尺規工具來調整內文位置吧！

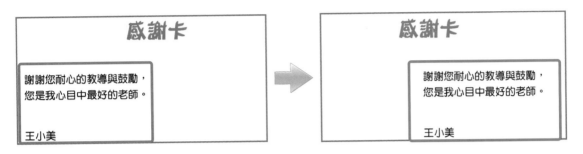

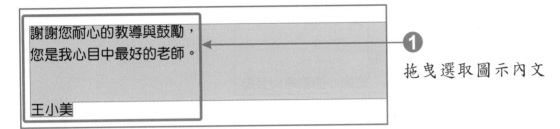

①

拖曳選取圖示內文

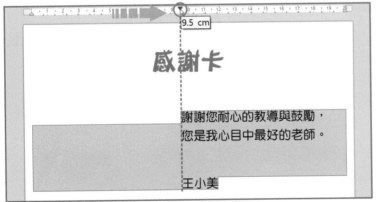

②

按住▼向右拖曳到約圖示位置

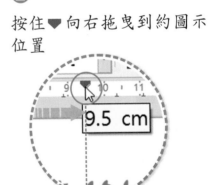

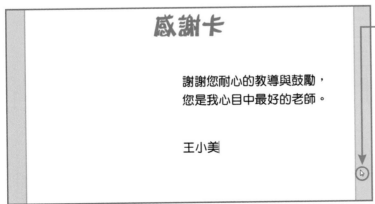

③

在空白處點一下，取消選取，完成內文位置調整

小提示

做到這裡，按【檔案／另存新檔】，先存個檔吧！

4 設定頁面背景圖

卡片白白的不好看，我們插入背景圖美化一下卡片吧！

▶ 設定頁面背景圖

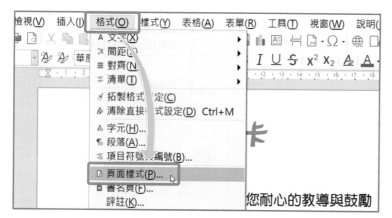

❶

按【格式 / 頁面樣式】

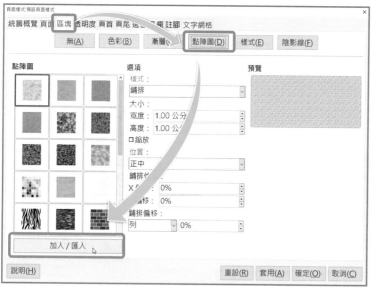

❷

按【區塊 / 點陣圖】標籤，再按【加入 / 匯入】

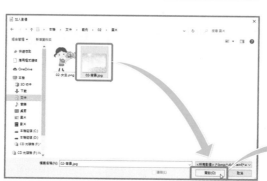

❸

點選老師指定的背景圖，按【開啟】再按【確定】

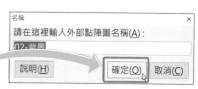

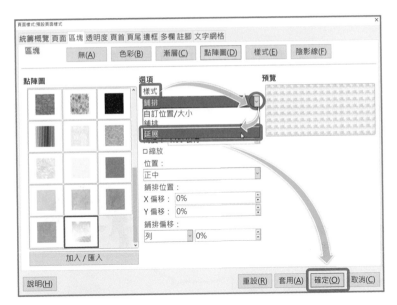

❹

為完整顯示圖片，在
【樣式】的下拉方塊中，
選【延展】，按【確定】

❺

卡片加入背景圖後，是不
是漂亮多了！

小提示

想更換背景圖，用同步驟
❶～❹就可以囉！

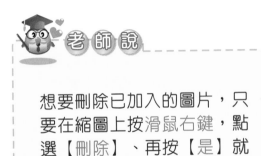

老師說

想要刪除已加入的圖片，只
要在縮圖上按滑鼠右鍵，點
選【刪除】、再按【是】就
可以囉！

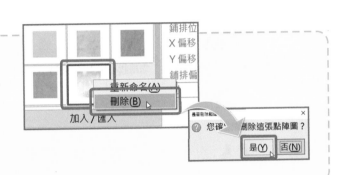

▶ 插入 PNG 圖片

最後，再插入符合主題的圖片，有圖也有文，就更有意境了！

❶

按【插入 / 影像】，插入圖示圖片

咦！怎麼變成 2頁了？

❷

圖片選取狀態下，按  【頁面環繞】，就會自動變成1頁了

小提示

下一課就會學到更多關於【環繞】圖片喔！

❸

拖曳移動圖片到約圖示位置，卡片就設計完成了！

記得將成果儲存起來喔！

文書處理加油站

常見的圖片格式有【.jpg】與【.png】，它們最大的差異是：

【.jpg】格式圖片　　沒有透明效果。

例如：

【.png】格式圖片　　可以有透明效果，像是去背影像。

例如：

許願卡

問候卡
……

父親節卡

禮物卡
……

做完要記得存檔喔！
學會本課技巧，發揮創意，
就可以製作自己的專屬卡片！

5 預覽與列印

將完成的卡片列印出來，送給最想感謝的人，表達心意吧！
列印前，先來預覽一下目前卡片完成的樣子！

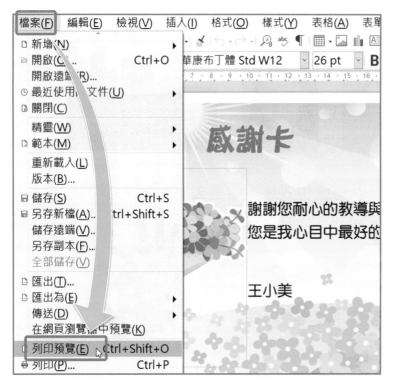

❶

按【檔案 / 列印預覽】

❷

若沒有問題，就可以按下 【列印】，把卡片列印出來囉！

💡 小提示

按⊗【關閉預覽】即可回到編輯頁面。

我 是 高 手 快速變更圖片

試著變更插圖，做出不同風格的感謝卡吧！

小提示：

變換插圖　點選圖片，按滑鼠右鍵選【取代】，更換插圖後，再調整圖片大小即可完成！

開啟本單元練習小檔案，運用本課學到的技巧，試著完成一份【防疫大作戰-病毒遠離我】的宣導卡吧！

練功囉

（　）**1** 要改變紙張大小和方向要按？

　　　1.插入/影像　　　2.格式/頁面樣式　　3.檔案/開啟

（　）**2** 以下哪一種格式的圖片是透明背景？

　　　1.png　　　　　2.jpg　　　　　3.bmp

（　）**3** 頁面樣式裡的區塊標籤，哪一個能加入背景圖？

　　　1.色彩　　　　　2.漸層　　　　　3.點陣圖

（　）**4** 想要文字置中，要按哪一個按鈕？

　　　1.￼　　　　2.￼　　　　3.￼

進階練習圖庫　卡片用背景圖與插圖

在本書光碟【進階練習圖庫】資料夾中，有很多卡片用【背景圖】
與【插圖】提供你做練習喔！

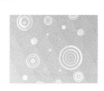

3 動物園遊記 - 我的作文

- 圖文編排與圖片去背

動物園遊記

假日，爸媽帶我和弟弟去動物園玩，園裡遊客還真不少呢！

我們先到「兒童動物區」，看到可愛的家兔開心的蹦蹦跳跳著。還有一身雪白的妮嘉-羊駝家族，爸爸說雖然是一家人，卻各有著不同的毛色，真有意思！

來到「大熊貓館」看毛茸茸、黑眼圈的貓熊，超可愛！再搭著遊園列車，等不及去看國王企鵝！在「企鵝館」看到走路一搖一擺的小企鵝，模樣好逗趣！隨後走向「非洲動物區」和「沙漠動物區」，有胖嘟嘟嘟的河馬、抖動著長脖子的長頸鹿、精神抖擻的獅子...。在「亞洲熱帶雨林區」媽媽說著馬來貘的傳說，原來牠是神創造萬物後，用剩下的黏土隨手一捏去向地上而生的，好有趣啊！

圖片來源：小石頭圖庫

學 習 重 點

◎ 了解文書編輯的概念

◎ 認識文字段落與學會設定

◎ 學會圖片去背與文字環繞

統 整 課 程

國 語 文　綜 合

文字經過編排、加入切題的圖片，枯燥的文章馬上就生動活潑起來！學會文書編輯，就會跟變魔術一樣，讓作文變得好吸睛！

北極熊白白的心聲

白白是生活在北極的北極熊，越來越熱的天氣融化北極大半的冰層，讓白白常因沒有冰層可以獵食與居住，大半時間只能泡在水裡，並且餓著肚子。

北極熊天生就不怕冷，可是總是要填飽肚子呀！但是，地球上的人類，大量製造二氧化碳氣體，例如車輛及工廠廢氣排放、砍伐森林燒作物...等等，讓地球溫度越來越高，北極的冰層逐漸融化，大幅減少了北極熊的生存空間。

那...該怎麼做，才能救北極熊白白呢？其實很簡單，從日常生活開始，隨手關燈節約用電、垃圾資源確實分類回收再利用、珍惜水資源用水不浪費、儘可能搭大眾運輸工具...等，減少二氧化碳溫室氣體的排放量，降低地球的溫度，去維護環境生態、友善對待地球，讓北極熊白白能有一個安穩的家！

圖片來源：小石頭圖庫

動物園遊記

假日，爸媽帶我和弟弟去動物園玩，園裡遊客還真不少呢！

我們先到「兒童動物區」，看到可愛的家兔開心的蹦蹦跳跳著。還有一身雪白的妮嘉-羊駝家族，爸爸說雖然是一家人，卻各有著不同的毛色，真有意思！

來到「大貓熊館」看毛茸茸、黑眼圈的貓熊，超可愛！再搭遊園列車，等不及去看國王企鵝！在「企鵝館」看到走路一搖一擺的小企鵝，模樣好逗趣！隨後走向「非洲動物區」和「沙漠動物區」，有胖嘟嘟的河馬、伸長脖子的長頸鹿、精神抖擻的獅子...。在「亞洲熱帶雨林區」媽媽說著馬來貘的傳說，原來他是神創造萬物後，用剩下的黏土隨手一捏丟向地上而生的，好有趣啊！

圖片來源：小石頭圖庫

哇！文章好有趣喔！是怎麼變的啊？

戶外郊遊趣

趁著週末好天氣，爸爸媽媽帶我和妹妹到戶外去郊遊，我們來到一個滿是樹林的地方。

突然發現路邊的樹葉上停了一隻美麗的蝴蝶，我放慢腳步悄悄接近觀賞，爸爸說牠是「樺斑蝶」，還告訴我牠的特徵與成長過程。

繼續往前走，聽到叫、叫、叫的聲音，媽媽說是「五色鳥」在叫，但牠躲在樹林裡不易發現，遠遠，發現到牠的身影後，就拿給我看，牠身上好多顏色，有綠色、黃色、紅色、藍色和黑色，真是漂亮。

一路上還看到玫瑰花、小野菊...等許多美麗的花朵，終於到達山頂上，我們一邊吃著飯，一邊聊天。戶外郊遊，可以接近大自然，了解自然生態，真是好玩又有趣。

圖片來源：小石頭圖庫

枯燥、難閱讀

動物園遊記

假日，爸媽帶我和弟弟去動物園玩，園裡遊客還真不少呢！
我們先到「兒童動物區」，看到可愛的家兔開心的蹦蹦跳跳著。還有一身雪白的妮嘉-羊駝家族，爸爸說雖然是一家人，卻各有著不同的毛色，真有意思！
來到「大貓熊館」看毛茸茸、黑眼圈的貓熊，超可愛！再搭著遊園列車，等不及去看國王企鵝！在「企鵝館」看到走路一搖一擺的小企鵝，模樣好逗趣！隨後走向「非洲動物區」和「沙漠動物區」，有胖嘟嘟的河馬、伸長脖子的長頸鹿、精神抖擻的獅子...。在「亞洲熱帶雨林區」，媽媽說著馬來貘的傳說，原來牠是神創造萬物後，用剩下的黏土隨手一捏丟向地上而生的，好有趣啊！

段落分明

動物園遊記

假日，爸媽帶我和弟弟去動物園玩，園裡遊客還真不少呢！

我們先到「兒童動物區」，看到可愛的家兔開心的蹦蹦跳跳著。還有一身雪白的妮嘉-羊駝家族，爸爸說雖然是一家人，卻各有著不同的毛色，真有意思！

來到「大貓熊館」看毛茸茸、黑眼圈的貓熊，超可愛！再搭著遊園列車，等不及去看國王企鵝！在「企鵝館」看到走路一搖一擺的小企鵝，模樣好逗趣！隨後走向「非洲動物區」和「沙漠動物區」，有胖嘟嘟的河馬、伸長脖子的長頸鹿、精神抖擻的獅子...。在「亞洲熱帶雨林區」，媽媽說著馬來貘的傳說，原來牠是神創造萬物後，用剩下的黏土隨手一捏丟向地上而生的，好有趣啊！

重點標示

動物園遊記

假日，爸媽帶我和弟弟去動物園玩，園裡遊客還真不少呢！

我們先到「兒童動物區」，看到可愛的家兔開心的蹦蹦跳跳著。還有一身雪白的妮嘉-羊駝家族，爸爸說雖然是一家人，卻各有著不同的毛色，真有意思！

來到「大貓熊館」看毛茸茸、黑眼圈的貓熊，超可愛！再搭著遊園列車，等不及去看國王企鵝！在「企鵝館」看到走路一搖一擺的小企鵝，模樣好逗趣！隨後走向「非洲動物區」和「沙漠動物區」，有胖嘟嘟的河馬、伸長脖子的長頸鹿、精神抖擻的獅子...。在「亞洲熱帶雨林區」，媽媽說著馬來貘的傳說，原來牠是神創造萬物後，用剩下的黏土隨手一捏丟向地上而生的，好有趣啊！

加入插圖、邊框美化

動物園遊記

假日，爸媽帶我和弟弟去動物園玩，園裡遊客還真不少呢！

我們先到「兒童動物區」，看到可愛的家兔開心的蹦蹦跳跳著。還有一身雪白的妮嘉-羊駝家族，爸爸說雖然是一家人，卻各有著不同的毛色，真有意思！

來到「大貓熊館」看毛茸茸、黑眼圈的貓熊，超可愛！再搭著遊園列車，等不及去看國王企鵝！在「企鵝館」看到走路一搖一擺的小企鵝，模樣好逗趣！隨後走向「非洲動物區」和「沙漠動物區」，有胖嘟嘟的河馬、伸長脖子的長頸鹿、精神抖擻的獅子...。在「亞洲熱帶雨林區」，媽媽說著馬來貘的傳說，原來牠是神創造萬物後，用剩下的黏土隨手一捏丟向地上而生的，好有趣啊！

圖片來源：小石頭圖庫

真是神奇！
我也要學！

2 快速複製文字格式

本課就以【動物園遊記】來做示範練習吧！先要將重點文字設定為相同格式，就用【拓製格式設定】功能 (複製格式) 快速套用吧！

「兒童動物區」

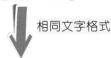 相同文字格式

「大貓熊館」
「企鵝館」
「非洲動物區」
「沙漠動物區」
「亞洲熱帶雨林區」

動物園遊記

假日，爸媽帶我和弟弟去動物園玩，園裡遊客還真不少呢！我們先到「兒童動物區」，看到可愛的家兔開心的蹦蹦跳跳著。還有一身雪白的妮嘉-羊駝家族，爸爸說雖然是一家人，卻各有著不同的毛色，真有意思！來到「大貓熊館」看毛茸茸、黑眼圈的貓熊，超可愛！再搭著遊園列車，等不及去看國王企鵝！在「企鵝館」看到走路一搖一擺的小企鵝，模樣好逗趣！隨後走向「非洲動物區」和「沙漠動物區」，有胖嘟嘟的河馬、伸長脖子的長頸鹿、精神抖擻的獅子...。在「亞洲熱帶雨林區」，媽媽說著馬來貘的傳說，原來牠是神創造萬物後，用剩下的黏土隨手一捏丟向地上而生的，好有趣啊！

1

開啟本課練習小檔案

動物園遊記

假日，爸媽帶我和弟弟去動物園玩，園裡遊客還真不少呢！我們先到「兒童動物區」，看到可愛的家兔開心的蹦蹦跳跳著。還有一身雪白的妮嘉-羊駝家族，爸爸說雖然是一家人，卻各有著不同的毛色，真有意思！來到「大貓熊館」看毛茸茸、黑眼圈的貓熊，超可愛！再搭著遊園列車，等不及去看國王企鵝！在「企鵝館」看到走路一搖一擺的小企鵝，模樣好逗趣！隨後走向「非洲動物區」和「沙漠動物區」，有胖嘟嘟的河馬、伸長脖子的長頸鹿、精神抖擻的獅子...。在「亞洲熱帶雨林區」，媽媽說著馬來貘的傳說，原來牠是神創造萬物後，用剩下的黏土隨手一捏丟向地上而生的，好有趣啊！

2

拖曳選取圖示文字，設定格式

A 字型：華康少女文字 Std W3

B 粗體： B

C 顏色：

(可選擇喜歡的字型和顏色)

檔案(F)　編輯(E)　檢視(V)　插入(I)　格式(O)　樣式(Y)　表格(A)　表單(R)　工具

預設段落樣式　　　　　華康少女　拓製格式設定 (點按兩下或 Ctrl 或 Cmd 鍵

動物園遊記

假日，爸媽帶我和弟弟去動物園玩，園裡遊客我們先到「兒童動物區」，看到可愛的家兔開一身雪白的妮嘉-羊駝家族，爸爸說雖然是一毛色，真有意思！來到「大貓熊館」看毛茸茸、黑眼圈的貓熊，車，等不及去看國王企鵝！在「企鵝館」看到模樣好逗趣！隨後走向「非洲動物區」和「沙

3

選取狀態下，按兩下 【拓製格式設定】

小提示

點一下 【拓製格式設定】只能使用 1 次。

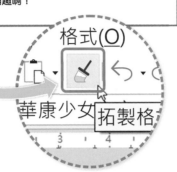

④

移動 🖑 游標，拖曳選取圖示文字，即可套用相同格式

⑤

完成後，再按一下 🖌【拓製格式設定】結束功能

文 書 處 理 加 油 站

善用【複製 / 貼上】

要輸入同樣的文字內容，可以運用【複製】、【貼上】的技巧，就能快速完成。

祝你生日快樂	插入(I) ✂ 📄 📋 ▾	祝你生日快樂！ 祝你生日快樂！ 祝你生日快樂！ 祝你生日快樂！

❶ 拖曳選取要複製的文字。

❷ 按 📄【複製】。
(快速鍵 Ctrl + C)

❸ 再按 📋【貼上】3 次，完成圖示成果。
(快速鍵 Ctrl + V)

尋找與取代

在長篇文章裡，想找出特定字詞，來設定格式，或想一次修改為同一字詞，可以用【尋找與取代】功能喔！詳細方法請參考教學影片。

3 段落設定 - 讓內文容易閱讀

一份吸引人的作文或報告，除了內容外，更少不了整齊劃一、條理分明的段落編排。現在就來認識段落、行距和間距吧！

▶ 認識段落

【段落】簡單說就是由句子所組成的，有好幾行或是一行，全看文章
　　　　內容而定。

【格式設定標記】 ¶ 一整個段落結束後的符號。列印時不會出現。

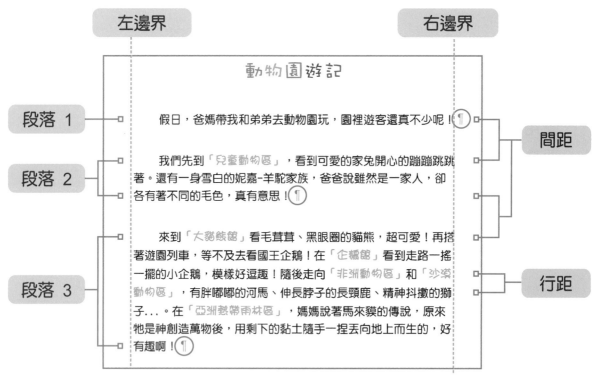

輸入文字，當超過右邊界時，Writer 會自動換行，如果按一次 Enter
就會自動向下增加一個段落。
所以輸入同一段的文字時，就不用按 Enter 了。

▶ 第一行縮排、行距與間距

【第一行縮排】每一個段落的第一行內縮 2 個字元，就像在寫作文，每一個新的段落，要空 2 格的道理是一樣的。

> ○○假日，爸媽帶我和弟弟去動物園玩，園裡遊客還真不
> ○○我們先到「兒童動物區」，看到可愛的家兔開心的跳
> 還有一身雪白的妮嘉-羊駝家族，爸爸說雖然是一家人，爸
> 同的毛色，真有意思！
> ○○來到「大貓熊館」看毛茸茸、黑眼圈的貓熊，超可愛
> 遊園列車，等不及去看國王企鵝！在「企鵝館」看到走路

【行距】指的是一行和一行之間的距離

> 　　我們先到「兒童動物區」，看到可愛的家兔開心的跳
> 還有一身雪白的妮嘉-羊駝家族，爸爸說雖然是一家人，爸
> 同的毛色，真有意思！
> 　　來到「大貓熊館」看毛茸茸、黑眼圈的貓熊，超可愛
> 遊園列車，等不及去看國王企鵝！在「企鵝館」看到走路

【間距】指的是段落和段落之間的距離

> 　　我們先到「兒童動物區」，看到可愛的家兔開心的跳
> 還有一身雪白的妮嘉-羊駝家族，爸爸說雖然是一家人，
> 同的毛色，真有意思！
>
> 　　來到「大貓熊館」看毛茸茸、黑眼圈的貓熊，超可愛
> 遊園列車，等不及去看國王企鵝！在「企鵝館」看到走路

我懂了，
那你呢？

▶ 設定第一行縮排、行距與間距

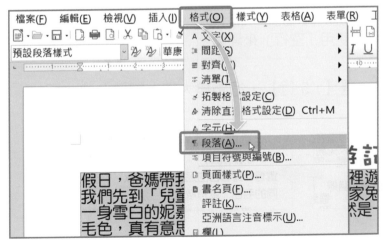

①

拖曳選取全部內文文字，按【格式/段落】

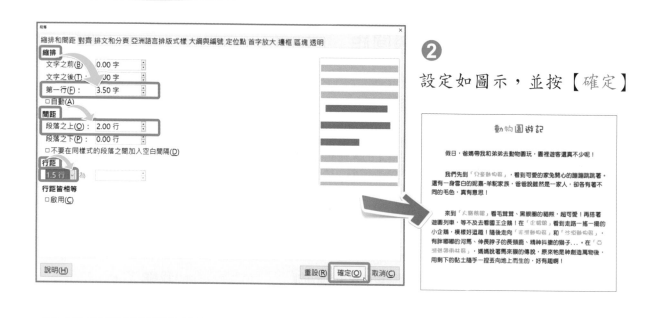

❷

設定如圖示，並按【確定】

【縮排】第一行設定 3.5 字，就會內縮 2 個字元。

【間距】段落之上設定 2 行，段落之間變寬了，更容易閱讀。

學會【段落間距】設定，就不必
按 Enter ，使用「空行」來間隔。

【行距】預設是單行(100%)，選【1.5 行】，行距變大了，閱讀上會比較
舒服。

4 幫圖片做去背

在短文中插入符合內文的圖片，就是一篇圖文並茂、生動有趣的文章了！

▶ 圖片來源

第二課學到圖片的格式(.jpg 和 .png)，那麼圖片又是怎麼來的呢？

用繪圖軟體自己畫 (例如：小畫家、PhotoCap...等)。

或是上網搜尋、下載圖片。

在網路下載圖片時，要特別注意使用版權，並且註明出處喔！

也可以使用手機拍的照片喔！

▶ 移除圖片背景

插入文章中的圖片，如果有背景色，像貼膏藥般不太好看...沒關係！幫它去背吧！

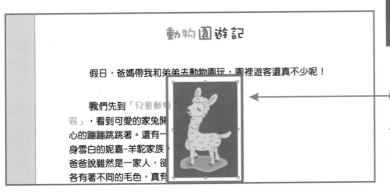

① 按【插入/影像】，插入圖示圖片

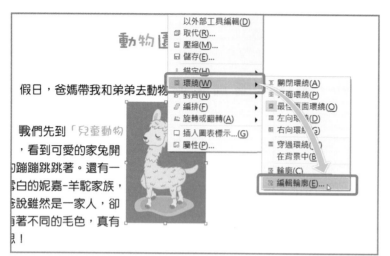

❷
在圖片上按右鍵，點選【環繞 / 編輯輪廓】

❸
按 🎨【吸色管】後，點1下圖片背景，將背景去除

> 用 🎨 點1下圖片上任何一個顏色，所有相同的顏色都會被去除。

建立新的輪廓？

❓ 您是否要建立新的輪廓？

是(Y)　否(N)

❹
按【是】

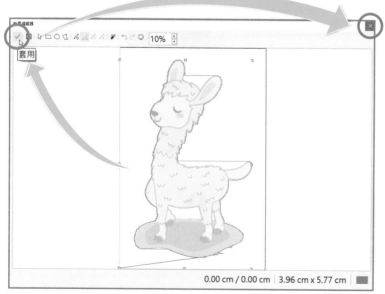

❺
按 ✓【套用】，套用新輪廓後，按 ✕【關閉】

0.00 cm / 0.00 cm | 3.96 cm x 5.77 cm

假日，爸媽帶我和弟弟去動物園玩，園裡遊客還真不

我們先到「兒童動物區」，看到可愛的家兔開心的蹦蹦跳跳著。還有一身雪白的妮嘉-羊駝家族，爸爸說雖然是一家人，卻各有著不同的毛色，真有意思！

6

羊駝去背後，是不是更融入文章了呢？

假日，爸媽帶我和弟弟去動物園玩，園裡遊客還真不少哦

我們先到「兒童動物區」，看到可愛的家兔開心的跳跳著。還有一身雪白的妮嘉-羊駝家族，爸爸說一家人，卻各有著不同的毛色，真有意思！

來到「大貓熊館」看毛茸茸、黑眼圈的貓熊，超可愛！再遊園列車，等不及去看國王企鵝！在「企鵝館」看到走路一搖

7

將圖片縮小，移到約如圖示位置

動物園遊記

假日，爸媽帶我和弟弟去動物園玩，園裡

我們先到「兒童動物區」，看到跳跳著。還有一身雪白的妮嘉-羊駝一家人，卻各有著不同的毛色，真有

8

完成後，在空白處點一下，取消選取

做到這裡
先另存新檔吧！

5 圖片環繞設定

文字環繞圖片的排列方式，有很多類型，我們插入圖片以【輪廓】來實際練習一下吧！

❶

游標在【來】字前點1下

❷

插入老師指定的圖片，再按右鍵，選【環繞/輪廓】

❸

文字環繞在圖片四周了

圖片將文字切成兩半，不像段落，怎麼辦？

❹

將圖片下移，約如圖示大小、位置，段落就完整呈現囉！

加上圖片來源字樣

文章中並沒提到圖片來源耶！我們趕快來補上吧！當個有著作權觀念的小朋友。

1

游標點一下文末，並按 1 下 `Enter` 鍵，將插入點移到下一段位置

為了方便練習，老師事先將文字打好了。

2

打開老師準備的文字檔，拖曳選取文字，然後按快速鍵 `Ctrl` + `C` 複製

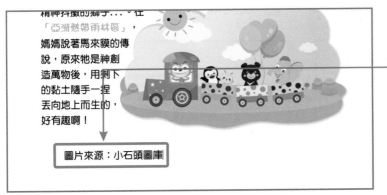

3

回到文件，按快速鍵 `Ctrl` + `V` 貼上，圖片來源就補上囉！

4

將顯示比例縮小至60%，看一下目前的編排成果

圖片環繞的類型有：

來到「大貓熊館」看毛茸茸、黑眼圈的貓熊，超可愛！再搭著遊園列車，等不及去看國王企鵝！在「企鵝館」看到走路一搖一擺的小企鵝，模樣好逗趣！隨後走向「非洲動物區」和「沙漠動物區」，有胖嘟嘟的河馬、伸長脖子的長頸鹿、精神抖擻的獅子…。在「亞洲熱帶雨林區」，媽媽說著馬來貘的傳說，原來牠是神創造萬物後，用剩下的黏土隨手一捏丟向地上而生的，好有趣啊！

 關閉環繞 (圖片獨立一行)

來到「大貓熊館」看毛茸茸、黑眼圈的貓熊，超可愛！再搭著遊園列車，等不及去看國王企鵝！在「企鵝館」看到走路一搖一擺的小企鵝，模樣好逗趣！隨後走向「非洲動物區」和「沙漠動物區」，有胖嘟嘟的河馬、伸長脖子的長頸鹿、精神抖擻的獅子…。在「亞洲熱帶雨林區」，媽媽說著馬來貘的傳說，原來牠是神創造萬物後，用剩下的黏土隨手一捏丟向地上而生的，好有趣啊！

頁面環繞 (圖片呈現矩形)

來到「大貓熊館」看毛茸茸、黑眼圈的貓熊，超可愛！再搭著遊園列車，等不及去看國王企鵝！在「企鵝館」看到走路一搖一擺的小企鵝，模樣好逗趣！隨後走向「非洲動物區」和「沙漠動物區」，有胖嘟嘟的河馬、伸長脖子的長頸鹿、精神抖擻的獅子…。在「亞洲熱帶雨林區」，媽媽說著馬來貘的傳說，原來牠是神創造萬物後，用剩下的黏土隨手一捏丟向地上而生的，好有趣啊！

最佳頁面環繞
(圖片自動取最適合方式)

來到「大貓熊館」看毛茸茸、黑眼圈的貓熊，超可愛！再搭著遊園列車，等不及去看國王企鵝！在「企鵝館」看到走路一搖一擺的小企鵝，模樣好逗趣！隨後走向「非洲動物區」和「沙漠動物區」，有胖嘟嘟的河馬、伸長脖子的長頸鹿、精神抖擻的獅子…。在「亞洲熱帶雨林區」，媽媽說著馬來貘的傳說，原來牠是神創造萬物後，用剩下的黏土隨手一捏丟向地上而生的，好有趣啊！

左向環繞 (圖片在右)

來到「大貓熊館」看毛茸茸、黑眼圈的貓熊，超可愛！再搭著遊園列車，等不及去看國王企鵝！在「企鵝館」看到走路一搖一擺的小企鵝，模樣好逗趣！隨後走向「非洲動物區」和「沙漠動物區」，有胖嘟嘟的河馬、伸長脖子的長頸鹿、精神抖擻的獅子…。在「亞洲熱帶雨林區」，媽媽說著馬來貘的傳說，原來牠是神創造萬物後，用剩下的黏土隨手一捏丟向地上而生的，好有趣啊！

右向環繞 (圖片在左)

來到「大貓熊館」看毛茸茸、黑眼圈的貓熊，超可愛！再搭著遊園列車，等不及去看國王企鵝！在「企鵝館」看到走路一搖一擺的小企鵝，模樣好逗趣！隨後走向「非洲動物區」和「沙漠動物區」，有胖嘟嘟的河馬、伸長脖子的長頸鹿、精神抖擻的獅子…。在「亞洲熱帶雨林區」，媽媽說著馬來貘的傳說，原來牠是神創造萬物後，用剩下的黏土隨手一捏丟向地上而生的，好有趣啊！

穿過環繞 (圖片在前)

來到「大貓熊館」看毛茸茸、黑眼圈的貓熊，超可愛！再搭著遊園列車，等不及去看國王企鵝！在「企鵝館」看到走路一搖一擺的小企鵝，模樣好逗趣！隨後走向「非洲動物區」和「沙漠動物區」，有胖嘟嘟的河馬、伸長脖子的長頸鹿、精神抖擻的獅子…。在「亞洲熱帶雨林區」，媽媽說著馬來貘的傳說，原來牠是神創造萬物後，用剩下的黏土隨手一捏丟向地上而生的，好有趣啊！

來到「大貓熊館」看毛茸茸、黑眼圈的貓熊，超可愛！再搭著遊園列車，等不及去看國王企鵝！在「企鵝館」看到走路一搖一擺的小企鵝，模樣好逗趣！隨後走向「非洲動物區」和「沙漠動物區」，有胖嘟嘟的河馬、伸長脖子的長頸鹿、精神抖擻的獅子…。在「亞洲熱帶雨林區」，媽媽說著馬來貘的傳說，原來牠是神創造萬物後，用剩下的黏土隨手一捏丟向地上而生的，好有趣啊！

 在背景中 (圖片在底下)

 輪廓 (圖片是不規則形狀，文字會依照形狀緊密、貼近圖片)

6 加入頁面邊框

段落、圖片都已經編排完成，再加入邊框美化一下版面吧！

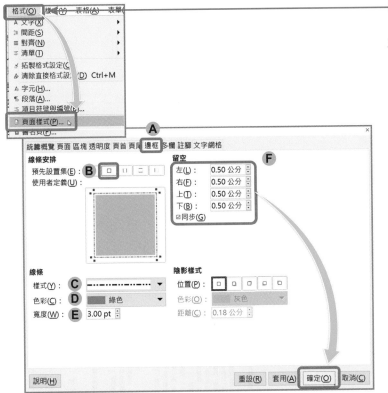

①

按【格式/頁面樣式】

②

依圖示設定，再按【確定】

💡 小提示

勾選【同步】後，只要設定任1欄，其餘3欄會自動變更相同數值。

Yes！我學會了！
你也會了嗎？

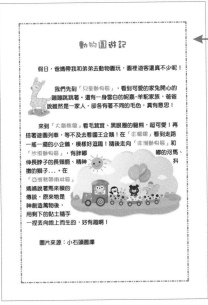

③

加上邊框，版面變得更漂亮，記得要將成果儲存起來喔！

💡 小提示

圖片如果超過邊框，將圖片縮小一些，並調整一下位置就可以囉！

懂更多　橫書變直書

如果想讓文字變成直式，一點都不難，一起來看怎麼做吧！

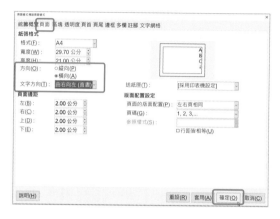

1 開啓第 3 課成果，或老師指定的檔案，按【格式 / 頁面樣式】

2 點選【頁面】標籤，方向選【橫向】，文字方向選【由右向左(直書)】，並按【確定】

3 將圖片縮小和調整位置，約如圖示

4 最後成果如圖示

真的一點都不難耶！

我 是 高 手　圖片環繞和邊框應用

試著以自己的作文，或開啓老師準備的練習檔案，運用本課學到的技巧，做出一篇賞心悅目的文章吧！

示範參考

戶外郊遊趣

趁著週末好天氣，爸爸媽媽帶我和妹妹到戶外去郊遊，我們來到一個滿滿是樹林的地方。

突然發現路邊的樹葉上停了一隻美麗的蝴蝶，我放慢腳步悄悄接近觀察，爸爸說牠是「樺斑蝶」，還告訴我牠的特徵與成長過程。

繼續往前走，聽到叩‧叩‧叩的聲音，問媽媽這是什麼聲音，媽媽說是「五色鳥」在叫，但牠躲在樹林裡不容易發現，這時，媽媽拿起望遠鏡找尋了一下，發現到牠的身影後，就拿給我看，牠身上好多顏色，有綠色、黃色、紅色、藍色和黑色，真是漂亮。

一路上還看到玫瑰棠、小野菊…等許多美麗的花朵。終於到達山頂上，我們一邊吃著飯，一　　　　　邊快樂的聊天。戶外郊遊，可以接近大自然，又　　　　　　　了解自然生態，真是好玩又有趣。

圖片來源：小石頭圖庫

示範參考

我最喜歡的玩具

我有許多玩具，像是洋娃娃、積木、各式拼圖…，其中陪伴我最久、愛不釋手的就是放在枕頭旁的玩具熊。

它有一雙烏溜溜的眼睛，微笑的大嘴，和一身摸起來舒服的棕色捲毛，還有著彎彎的雙手，像是無時無刻都在跟你討抱抱呢！神奇的是，每次抱起它時，心中總是暖暖的，是因為這是爸爸媽媽送我的生日禮物嗎？

有時它會扮起不同的角色，和我一起渡過不同的時光，還會調皮的躲在床下，害我一早起床看不到它！忍不住說了幾句，它總笑笑的望著我，真讓人哭笑不得，就算這樣我還是喜歡，因為它實在太可愛了！

圖片來源：小石頭圖庫

多加練習，你就是個文書高手喔！

 練功囉

( )1 複製文字要按哪一個按鈕？

1. [🧹]　　　2. [📄]　　　3. [📋]

( )2 複製文字格式要按哪一個按鈕？

1. [📄]　　　2. [📋]　　　3. [🧹]

( )3 貼上文字要按哪一個按鈕？

1. [📋]　　　2. [🧹]　　　3. [📄]

( )4 圖片去除背景要按？

1. 插入 / 影像　　2. 格式 / 頁面樣式　　3. 右鍵 / 環繞 / 編輯輪廓

進階練習圖庫　　形狀圖片

在本書光碟【進階練習圖庫】資料夾中，有很多【形狀圖片】提供你做練習喔！

4 星座調查表

- 表格應用與美術字

	星座	生日	人數
	水瓶座	01. 21 - 02. 19	1
	雙魚座	02. 20 - 03. 20	3
	牡羊座	03. 21 - 04. 20	2
	金牛座	04. 21 - 05. 20	2
	雙子座	05. 22 - 06. 21	5
	巨蟹座	06. 22 - 07. 23	4
	獅子座	07. 24 - 08. 23	1
	處女座	08. 24 - 09. 23	3
	天秤座	09. 24 - 10. 23	2
	天蠍座	10. 24 - 11. 22	2
	射手座	11. 23 - 12. 22	3
	山羊座	12. 23 - 11. 20	2
全班總人數：30人			

學 習 重 點

◎ 知道【表格】的應用

◎ 學會表格設定

◎ 學會設定美術字

統 整 課 程

數 學　藝 術

用表格可以做什麼

表格是整理資料的高手，再多再複雜的資料，用表格來呈現，就會條列清楚、一目瞭然，容易閱讀喔！

暑假計畫表

項目	名稱	完成打圈圈
作業	國文作業 p1-P10	
	聽英文 CD1-45	
	數學 P1-P20	
家事	幫忙家裡掃地、摺衣服	
	每天幫忙擦桌子	
閱讀	閱讀 10 本故事書	
運動	週二、週四去打籃球	
	每兩周爬山一次	
才藝	週一、週三學畫畫	

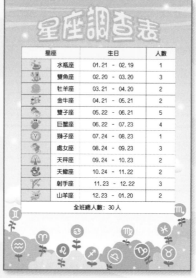

星座調查表

星座	生日	人數
水瓶座	01. 21 - 02. 19	1
雙魚座	02. 20 - 03. 20	3
牡羊座	03. 21 - 04. 20	2
金牛座	04. 21 - 05. 21	2
雙子座	05. 22 - 06. 21	5
巨蟹座	06. 22 - 07. 23	4
獅子座	07. 24 - 08. 23	1
處女座	08. 24 - 09. 23	3
天秤座	09. 24 - 10. 23	2
天蠍座	10. 24 - 11. 22	2
射手座	11. 23 - 12. 22	3
山羊座	12. 23 - 01. 20	2
全班總人數: 30 人		

我的功課表

星期	一	二	三	四	五
1	國語	數學	電腦	國語	數學
2	社會	英文	數學	數學	體育
3	數學	自然	國語	音樂	英文
4	音樂	藝文	社會	閱讀	國語
午休時間					
5	國語	國語		自然	
6	綜合	健康	放學	社會	放學
7	美勞	團體		鄉土	
四年一班 王小宇					

麻吉通訊錄

姓名	綽號	電話	e-mail
王小華	阿華	(02) 2621-2345	tom@hinet.net
陳小雨	小雨	(02) 2345-6789	may@gmail.com
張小強	強強	(02) 3456-7890	jack@hinet.net
李小柔	飛柔	(02) 4567-8901	amy@mail2000.com
吳小可	可可亞	(02) 5678-9012	mary@hinet.net
周小蓮	蓮花	(02) 6789-0123	ann@mail2000.com
高小凡	阿凡達	(02) 7890-1234	fay@gmail.com
余小安	小安	(02) 8901-2345	cara@hinet.net

成語填字遊戲

請在藍色格子中填入成語所缺文字

哇~
用表格可以做好多應用啊！

▶ 表格的構成 - 欄與列

表格是由水平的【列】和垂直的【欄】所組成的，而列和欄交會的部分叫做【儲存格】，在裡面可以輸入資料。

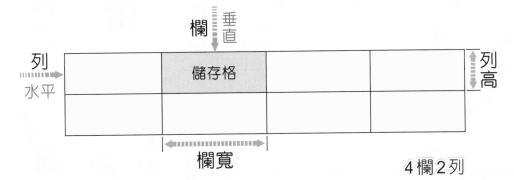

4欄2列

▶ 表格的規畫

1 事先計算一下需要的欄數和列數

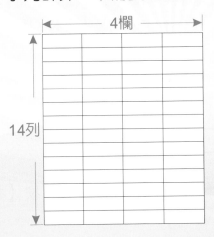

4欄
14列

2 大致安排資料內容的位置

	星座	生日	人數
	水瓶座	01.21 - 02.19	1
	雙魚座	02.20 - 03.20	3
	牡羊座	03.21 - 04.20	2
	金牛座	04.21 - 05.21	2
	雙子座	05.22 - 06.21	5
	巨蟹座	06.22 - 07.23	4
	獅子座	07.24 - 08.23	1
	處女座	08.24 - 09.23	3
	天秤座	09.24 - 10.23	2
	天蠍座	10.24 - 11.22	2
	射手座	11.23 - 12.22	3
	山羊座	12.23 - 01.20	2
全班總人數: 30 人			

規劃表格可以先用紙筆畫一下草稿。

在電腦上製作時，就可以省下許多修改的時間喔！

2 插入表格與設定

想知道同學們都是些什麼星座嗎？快用 Writer
建立【表格】來調查紀錄一下吧！

▶ 插入表格

❶

啟動 Writer 後，按 5 下
Enter 鍵，預先空出稍後
要做標題的空間

❷

按 ▦·【插入表格/更多選
項】或【表格/插入表格】

❸

設定如圖示，按【插入】

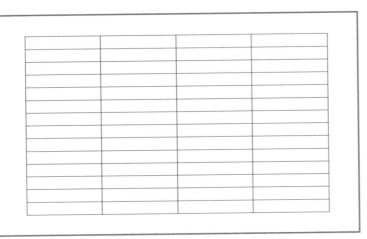

4

成功地插入一個【4欄 x 14列】表格

文書處理加油站

用游標選取插入表格

如果需要的欄、列數不會太多時，也可以使用【游標】，快速建立表格喔！(最多為10欄 x 15列)

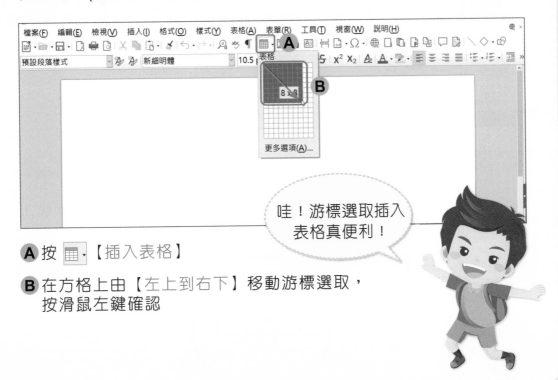

哇！游標選取插入表格真便利！

Ⓐ 按 ▦ ▾【插入表格】

Ⓑ 在方格上由【左上到右下】移動游標選取，按滑鼠左鍵確認

▶ 設定表格

接下來,我們調整表格大小、列高和欄寬,方便後面輸入星座調查表的資料喔!

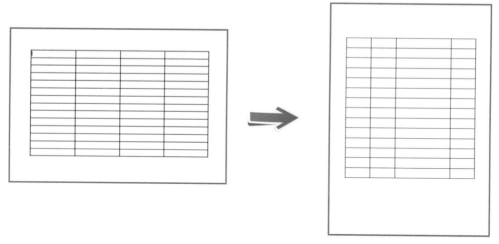

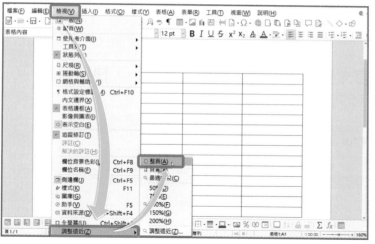

❶ 手動縮放表格

按【檢視】標籤,點【調整遠近 / 整頁】讓頁面整頁呈現

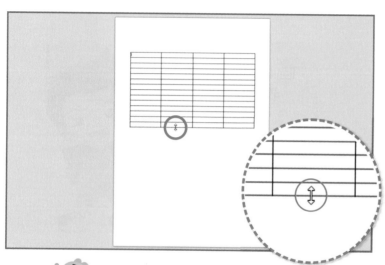

❷

游標移到下方框線上,出現 ⇕

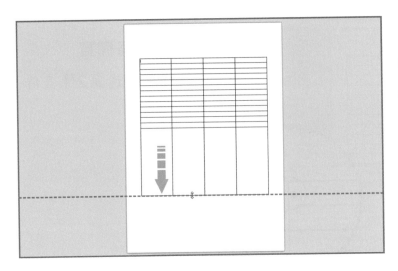

❸

向下拖曳調整，約如圖示

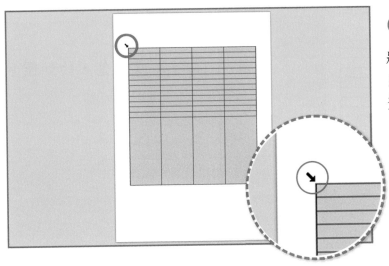

❹ 最適列高

將游標移到表格左上角，
出現 ↘ 按一下左鍵，選取
整個表格

完成後，記得
空白處點一下
取消選取。

❺

按【表格】標籤，點【
大小/最適列高】，讓每
一列高度都一樣

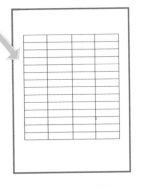

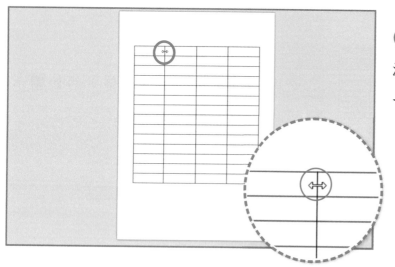

❻手動調整欄寬

游標移到左邊第2條直線
上，出現⇔

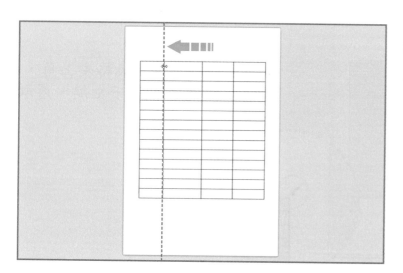

❼

向左拖曳調整，約如圖示

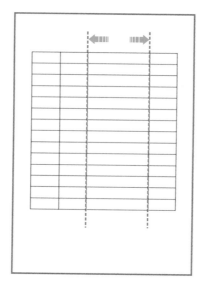

❽

接著陸續拖曳左3與右2的
直線，調整欄寬約如圖示

小提示

拖曳到大約位置即可，
等輸入資料後，還是可
以隨時再拖曳調整。

3 合併儲存格

儲存格內容相同時，就把它們合併起來，表格看起來會更簡潔喔！

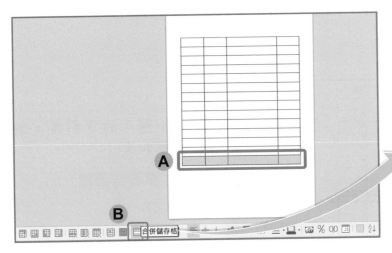

1

Ⓐ 拖曳選取最後一列儲存格

Ⓑ 按 🔲 【合併儲存格】

按【檢視／工具列／表格】，就能在視窗最下方，開啟表格工具列了。

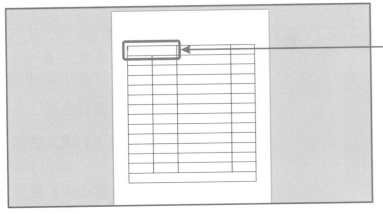

2

用以上技巧，合併紅框處儲存格

老師說

分割儲存格

❶ 選取要分割的儲存格

❷ 按 🔲，或【表格／分割儲存格】

❸ 設定分割的數量和方向後，按【確定】

【原始表格】　　【水平向】　　【垂直向】

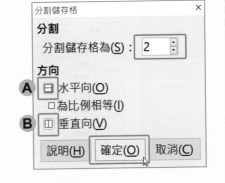

4 輸入資料與設定儲存格色彩

為方便同學練習，用老師準備的文字檔，逐一複製、貼上到表格中，接著再幫儲存格填入色彩、插圖，讓表格更加美觀吧！

▶ 輸入資料與對齊

星座		生日	人數
	水瓶座	01.21 ～ 02.19	1
	雙魚座	02.20 ～ 03.20	3
	牡羊座	03.21 ～ 04.20	2
	金牛座	04.21 ～ 05.21	2
	雙子座	05.22 ～ 06.21	5
	巨蟹座	06.22 ～ 07.23	4
	獅子座	07.24 ～ 08.23	1
	處女座	08.24 ～ 09.23	3
	天秤座	09.24 ～ 10.23	2
	天蠍座	10.24 ～ 11.22	2
	射手座	11.23 ～ 12.22	3
	山羊座	12.23 ～ 01.20	2
全班總人數: 30人			

❶

輸入如圖示的資料後，設定字型和大小

字型：華康中圓體

大小：18

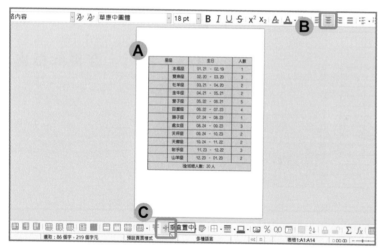

❷ 資料對齊

文字偏左上視覺不集中，我們讓它們對齊表格中間

Ⓐ 按 ↘ 選取整個表格

Ⓑ 按 ☰【置中】讓文字水平置中

Ⓒ 按 ⌶【垂直置中】讓文字垂直置中

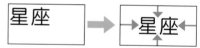

星座		生日	人數
	水瓶座	01.21 ～ 02.19	1
	雙魚座	02.20 ～ 03.20	3
	牡羊座	03.21 ～ 04.20	2
	金牛座	04.21 ～ 05.21	2
	雙子座	05.22 ～ 06.21	5
	巨蟹座	06.22 ～ 07.23	4
	獅子座	07.24 ～ 08.23	1
	處女座	08.24 ～ 09.23	3
	天秤座	09.24 ～ 10.23	2
	天蠍座	10.24 ～ 11.22	2
	射手座	11.23 ～ 12.22	3
	山羊座	12.23 ～ 01.20	2
全班總人數: 30人			

❸

設定完成後，在空白處點一下，取消選取

▶ 儲存格填色

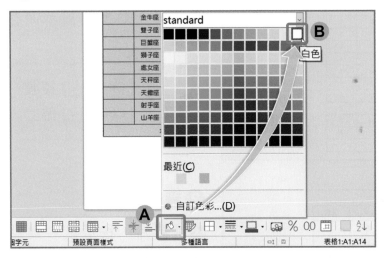

1

按 ↘ 選取整個表格：

Ⓐ 按 🖐 ·【表格儲存格背景色彩】下拉方塊

Ⓑ 選 ☐ 白色

💡 小提示

白色背景到第6節插入滿版背景圖時，就會看見設定的目的喔！

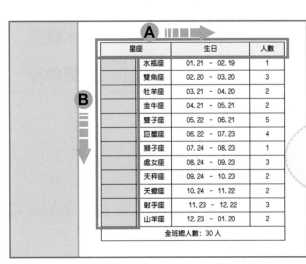

星座	生日	人數
水瓶座	01. 21 - 02. 19	1
雙魚座	02. 20 - 03. 20	3
牡羊座	03. 21 - 04. 20	2
金牛座	04. 21 - 05. 21	2
雙子座	05. 22 - 06. 21	5
巨蟹座	06. 22 - 07. 23	4
獅子座	07. 24 - 08. 23	1
處女座	08. 24 - 09. 23	3
天秤座	09. 24 - 10. 23	2
天蠍座	10. 24 - 11. 22	2
射手座	11. 23 - 12. 22	3
山羊座	12. 23 - 01. 20	2
全班總人數: 30 人		

2

陸續選取圖示欄位，重複步驟 **1**，選 ☐ 、☐

你也可以選擇自己喜歡的顏色喔！

▶ 插入小插圖

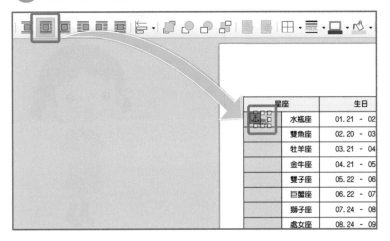

1

插入【水瓶座】圖片，按 🖼 【頁面環繞】，並調整大小約如圖示

如果插入的圖片無法顯示，按【檢視】標籤，【影像與圖表】打勾，就可以正常顯示了。

❷

再複製、貼上到圖示儲存
格裡

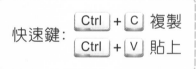

快速鍵： Ctrl + C 複製
Ctrl + V 貼上

星座	生日	人數
水瓶座	01.21 - 02.19	1
雙魚座	02.20 - 03.20	3
牡羊座	03.21 - 04.20	2
金牛座	04.21 - 05.21	2
雙子座	05.22 - 06.21	5
巨蟹座	06.22 - 07.23	4
獅子座	07.24 - 08.23	1
處女座	08.24 - 09.23	3
天秤座	09.24 - 10.23	2
天蠍座	10.24 - 11.22	2
射手座	11.23 - 12.22	3
山羊座	12.23 - 01.20	2
全班總人數: 30 人		

❸ 變更圖片

點選圖片，按滑鼠右鍵點
【取代】，更換圖示圖片

剪下(C)　Ctrl+X
複製(Y)　Ctrl+C
貼上(P)　Ctrl+V
裁切(B)
以外部工具編輯(E)
取代(R)...
壓縮(M)...
儲存(E)...

❹

接著，陸續更換各星座的
圖片，如圖示

星座	生日	人數
水瓶座	01.21 - 02.19	1
雙魚座	02.20 - 03.20	3
牡羊座	03.21 - 04.20	2
金牛座	04.21 - 05.21	2
雙子座	05.22 - 06.21	5
巨蟹座	06.22 - 07.23	4
獅子座	07.24 - 08.23	1
處女座	08.24 - 09.23	3
天秤座	09.24 - 10.23	2
天蠍座	10.24 - 11.22	2
射手座	11.23 - 12.22	3
山羊座	12.23 - 01.20	2
全班總人數: 30 人		

哇！表格變得
好活潑啊！

▶ 表格置中版面

調整好的表格，我們讓它水平固定在版面中，避免之後插入背景圖片而改變。

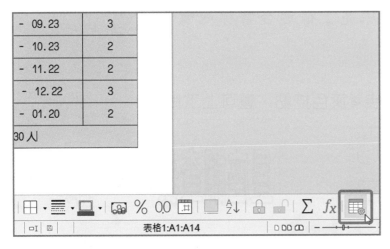

1

全選表格後，按 🔲 【表格屬性】

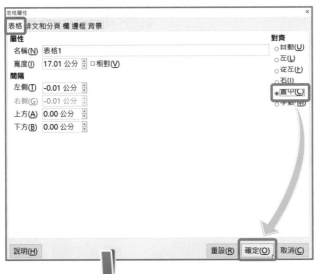

2

在【表格】標籤下，點選【置中】，按【確定】

這個設定，即使版面改變，表格仍然水平固定在版面上！

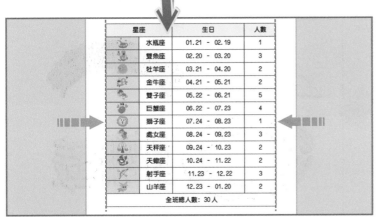

5 用美術字做標題

【美術字】就是圖案化的文字，可自訂形狀、顏色、外框....等等，使用上非常靈活！醒目又漂亮！很適合當標題喔！

▶ 美術字形狀

有多種形狀可選擇，拖曳●灰色控點，還可上下微調。

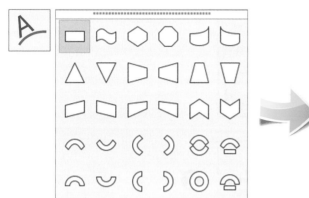

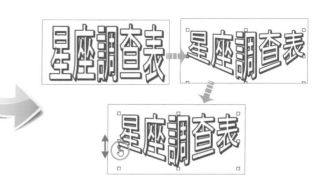

▶ 美術字文字

看起來像圖片，實際上可以修改文字內容，而且有多種樣式供你使用。

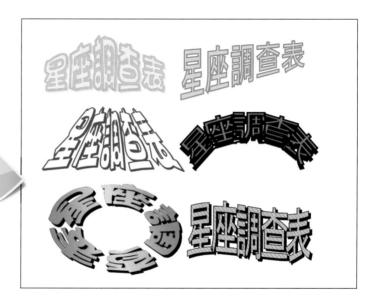

▶ 插入美術字

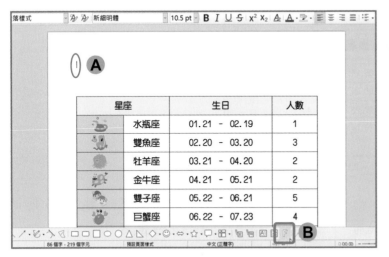

1

A 插入點移到第一行

B 按 F 【插入美術字文字】

> 按【檢視 / 工具列 / 繪圖】
> ，就能在視窗最下方，
> 開啟繪圖工具列了。

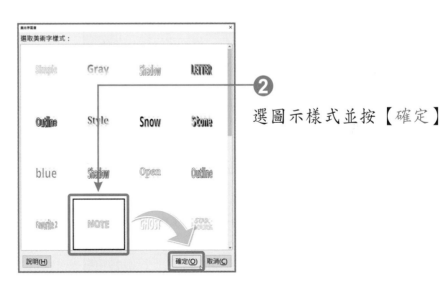

2

選圖示樣式並按【確定】

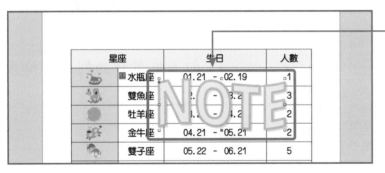

3

出現預設的內容，快速按
2 下美術字型

❹

文字改成【星座調查表】，並選圖示字型 (或你喜歡的字型)

星座		生日	人數
🐟	水瓶座	01.21 - 02.19	1
🐙	雙魚座		3
🐛	牡羊座		2
🐂	金牛座	04.21 - 05.21	2
🐴	雙子座	05.22 - 06.21	5
🦀	巨蟹座	06.22 - 07.23	4

❺

選取狀態下，拖曳移動。控點調整大小

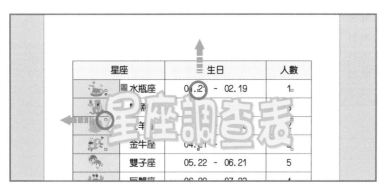

❻

在選取文字上，游標變成 ✛，按住左鍵

星座		生日	人數
🐟	水瓶座	01.21 - 02.19	1
🐙			
🐛			
🐂	金牛座		
🐴	雙子座	05.22 - 06.21	5
🦀	巨蟹座	06.22 - 07.23	4

❼

向上拖曳移動到圖示位置

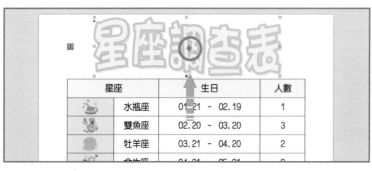

星座		生日	人數
🐟	水瓶座	01.21 - 02.19	1
🐙	雙魚座	02.20 - 03.20	3
🐛	牡羊座	03.21 - 04.20	2

設定美術字形狀

1

在美術字選取狀態下，
按 【美術字形狀】，
點選圖示形狀

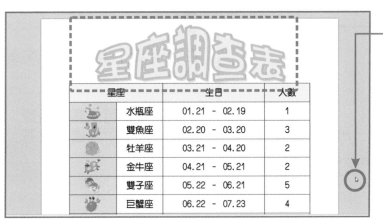

2

設定成果如圖示。完成後
，在空白處點一下，取消
選取

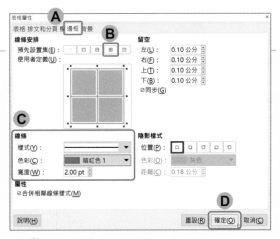

更改表格框線

1 全選表格，按
【表格屬性】

2【邊框】標籤下，設定如圖示，
並按【確定】

3 更改框線就完
成囉！

6 設定滿版背景圖

最後，再插入背景圖，設定成滿版效果，讓星座調查表更漂亮吧！

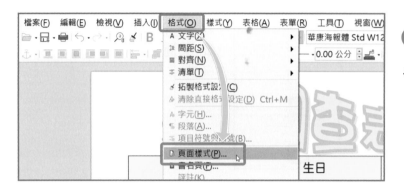

❶

按【格式/頁面樣式】

❷

在【頁面】標籤下設定如圖示

> 因為要將背景圖填滿整個頁面，所以邊距設為【0公分】。

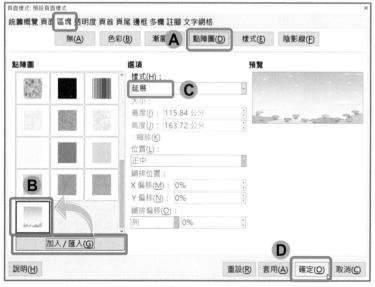

❸

【區塊】標籤下設定如圖示，並按【確定】

> 第 2 課 P38-39 有教過插入頁面背景圖，可以再複習一下喔！

❹

哇！調查表變得好可愛，可是不太整齊

沒關係，再調整一下標題和表格位置約如圖示，這份星座調查表就完成囉！

記得要存檔喔！

小提示

在 P73，儲存格背景若沒設定成白色，在這裡就會變成透明的喔！

 文書處理加油站

插入滿版背景圖的優點

◎背景圖不會任意移動，編輯時更方便

◎每一頁都會有同樣的背景 (頁面最後，按 一下 Enter 鍵，就會新增頁面並產生相同背景)

Openclipart 自由美工圖庫網站

上網到 Openclipart (https://openclipart.org) 官網，這裡提供很多美工圖片，它可以讓你自由下載、合法使用喔！

搜尋、下載的方法，請參考教學影片。

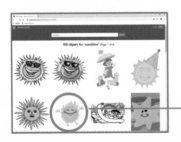

我是高手　不同風格的星座調查表

再試著更換底圖，修改美術字，做出不同風格的調查表吧！
(你可以從【進階練習圖庫】裡的【背景圖】，選擇喜歡的
底圖來做練習喔！)

示範參考

星座		生日	人數
	水瓶座	01.21 - 02.19	1
	雙魚座	02.20 - 03.20	3
	牡羊座	03.21 - 04.20	2
	金牛座	04.21 - 05.21	2
	雙子座	05.22 - 06.21	5
	巨蟹座	06.22 - 07.23	4
	獅子座	07.24 - 08.23	1
	處女座	08.24 - 09.23	3
	天秤座	09.24 - 10.23	2
	天蠍座	10.24 - 11.22	2
	射手座	11.23 - 12.22	3
	山羊座	12.23 - 01.20	2
全班總人數：30 人			

想一想！
表格還可以應用到哪裡呢？
你也可以自己設計主題，
更加分喔！

示範參考

懂 更 多　　我的功課表

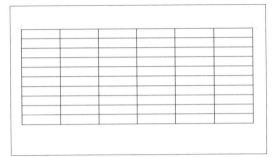

1 插入一個【6 欄 x 10 列】表格，來製作自己的功課表

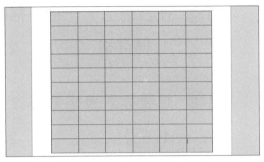

2 向下拖曳最下方橫線，再全選表格，按【表格】標籤，點【大小 / 最適列高】

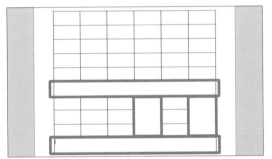

3 拖曳選取圖示儲存格，點 ▦【合併儲存格】

4 輸入課表資料，設定文字格式和色彩，並置中對齊。
再填入儲存格背景顏色如圖示。
(老師有準備課表科目文字檔，方便同學製作)

5 最後用【美術字】製作標題，再插入背景圖，功課表就大功告成囉！

( )① 在表格上，一格一格的小格子叫做？

　　1. 儲存格　　　　　2. 小方塊　　　　　3. 小格格

( )② 想要插入表格要按？

　　1. 🖼　　　　　2. ⊞▾　　　　　3. 🌐

( )③ 想要插入美術字文字要按？

　　1. ⊞⚙　　　　　2. Ⓐ　　　　　3. F

( )④ 想要改變美術字形狀要按？

　　1. F　　　　　2. ⊞⚙　　　　　3. Ⓐ

 進 階 練 習 圖 庫　　　背景圖

在本書光碟【進階練習圖庫】資料夾中，有很多【背景圖】提供你做練習喔！

5 蝴蝶的一生 - 學習單

- 好用的圖表與繪圖工具

蝴蝶的一生

· 成蟲產卵

卵　幼蟲

成蟲　蛹

· 進食成長
· 經過多次蛻皮

· 破蛹而出
· 展翅飛翔繁殖

· 吐絲成蛹
· 分垂蛹和帶蛹

學 習 重 點

◎ 知道【圖表】種類與應用

◎ 學會建立圖表圖形

◎ 學會強調圖片圖表

統 整 課 程

自然科學　藝術

漂亮又好用的圖表

Writer 有類似 Word 的 SmartArt 圖表圖形，它可以輕鬆套用、快速建立圖形化的文件。常見的種類與用途，有下列幾種：

清單

顯示單項條列式的資料
例如：蝴蝶的一生

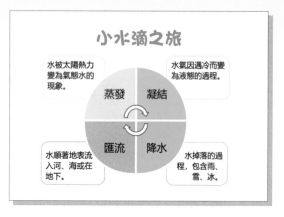

流程圖

顯示有順序或時間的資料
例如：燙傷急救處理五步驟

循環圖

顯示反覆、連續出現的資料
例如：小水滴之旅

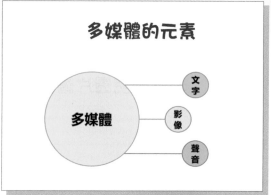

關聯圖

顯示主從或構成關係的資料
例如：多媒體的元素

階層圖

顯示有組織、階層的資料
例如：工作小組

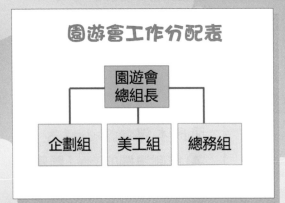

金字塔圖

顯示比例或數量關聯性的資料
例如：健康飲食金字塔

蝴蝶的一生

卵
幼蟲
蛹
成蟲

【蝴蝶的一生】是
循環不斷的，本課中，
運用【循環圖圖表】來介紹
它們一生有哪些特性！

想一想

了解各個【圖表】的種類和用途後，
同學如果要製作新的主題，哪一種最能
凸顯呢？

如何精簡文字、圖片，達到清晰易懂？
一起來想一想吧！

2 建立圖表圖形

蝴蝶成長有四個階段,讓我們用【循環圖】來呈現,更容易了解、認識它一生的過程喔!

▶ 插入圖表 - 循環圖

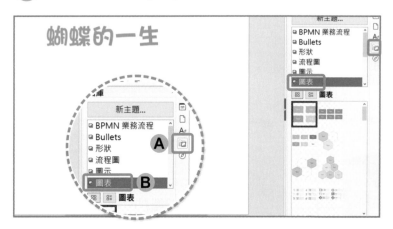

1

開啟本課練習小檔案

Ⓐ 按側邊欄的 🖼 【圖庫】按鈕,展開工作窗格

Ⓑ 點選【圖表】

> 為節省重複練習時間,這是預先建立好標題的練習檔案。

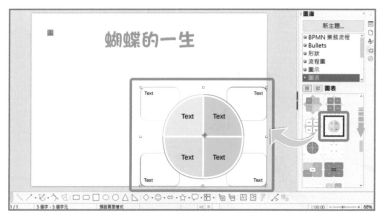

2

向下移動捲軸,點選圖示圖表,拖曳到頁面

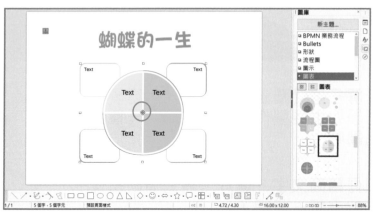

3

如有需要,先調整大小,再移到約如圖示位置

▶ 取消群組

為了方便輸入資料，我們先將圖表群組狀態解除。

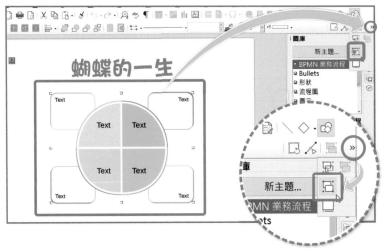

①

圖表選取狀態下，按 >>
選 □ 【取消群組】

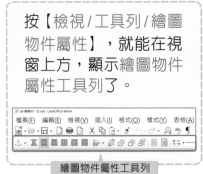

按【檢視/工具列/繪圖
物件屬性】，就能在視
窗上方，顯示繪圖物件
屬性工具列了。

繪圖物件屬性工具列

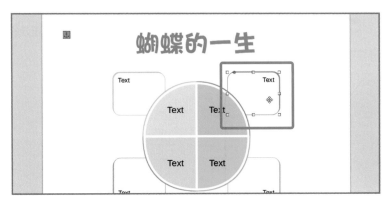

②

空白處點1下，再點圖示
圖形，可以看到群組順利
解除囉！

▶ 調整圖形寬度

可以依照輸入資料的多少，來調整圖形的寬度。

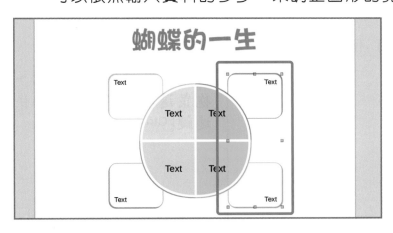

①

按住 Shift 鍵，複選圖示
圖形

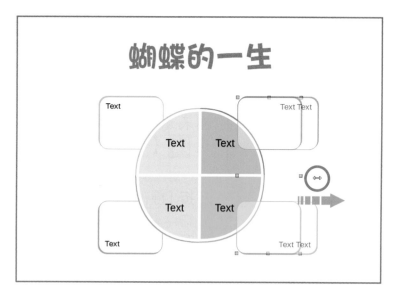

❷

控點出現⇔箭頭，向右拖
曳調整到約如圖示大小

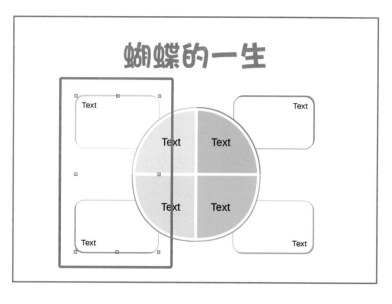

❸

仿照步驟❷，也調整左邊
圖示圖形

❹ 輸入資料

打開老師提供的文字檔，
拖曳選取文字，然後按快
速鍵 Ctrl + C 複製

05-蝴蝶的一生.txt - 記事本

檔案(F)　編輯(E)　格式(O)　檢視(V)　說明

卵

· 成蟲產卵

幼蟲

· 進食成長
· 經過多次蛻皮

蛹

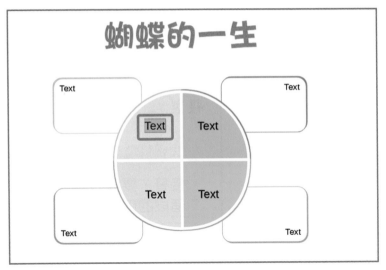

❺

回到文件,點 2 下圖示圖形,拖曳選取文字

小提示

我們先將蝴蝶四個階段填入圖形中。

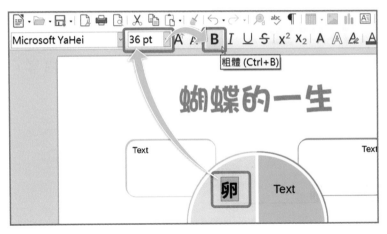

❻

按快速鍵 Ctrl + V 貼上,調整文字大小和字體加粗,第一階段就完成了!

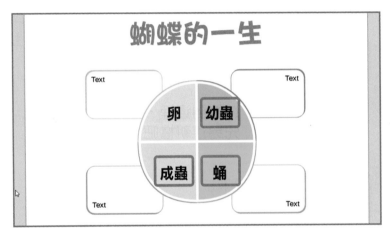

❼

仿照步驟,陸續填入其他三個階段,如圖示

05-蝴蝶的一生.txt - 記事本

檔案(F) 編輯(E) 格式(O) 檢視(V) 說明

卵

· 成蟲產卵

幼蟲

· 進食成長
· 經過多次蛻皮

蛹

❽

再切換回文字檔，拖曳選取文字，然後按 Ctrl + C 複製

小提示

接著，要填入蝴蝶四個階段的內容。

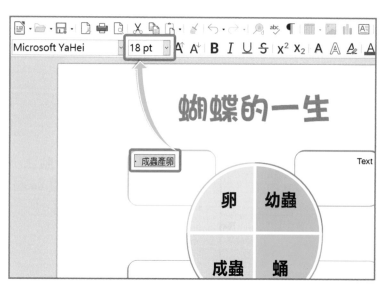

❾

回到文件，仿照前面步驟貼上圖示文字，並設定大小，完成第一階段內容

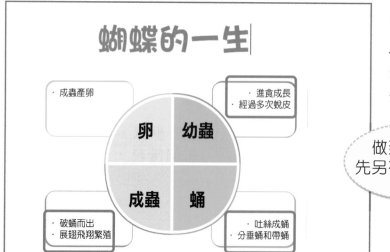

❿

再陸續填入其他三個階段的內容，完成蝴蝶的一生介紹

做到這裡，先另存新檔吧！

3 好用的繪圖工具

蝴蝶的一生內容已經完成，但沒有循環的感覺，怎麼辦？別擔心，用繪圖工具來輔助就可以囉！

▶ 常見的繪圖工具

基本形狀

符號形狀

箭頭圖案

星星與綵帶

圖說文字

流程圖

▶ 繪圖工具的應用

繪圖工具還能運用在哪些文件上?

想一想

海報

防疫新生活

用肥皂勤洗手
保持社交距離
人潮擁擠戴口罩
咳嗽、噴嚏摀口鼻
身體不適速告知

學習卡

Cool English
英語線上學習平臺

Apple
蘋果

Bee
蜜蜂

組織圖

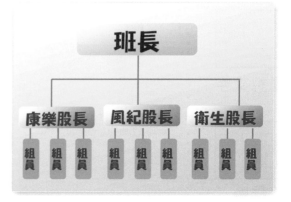

班長

康樂股長　風紀股長　衛生股長

組員 組員 組員　組員 組員 組員　組員 組員 組員

▶ 插入箭頭圖案

讓我們用箭頭圖案,來呈現蝴蝶一生的循環順序吧!

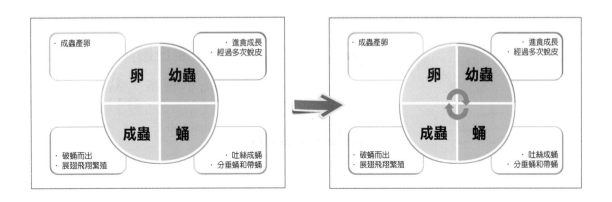

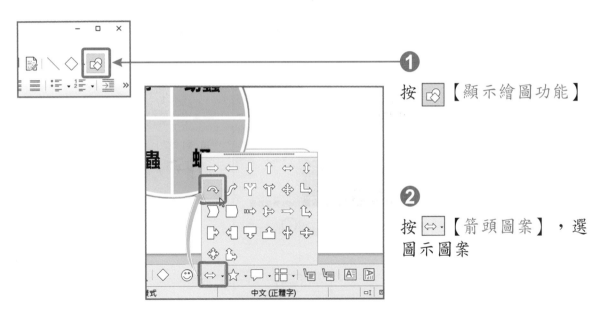

❶

按 🖼 【顯示繪圖功能】

❷

按 ↔ 【箭頭圖案】,選圖示圖案

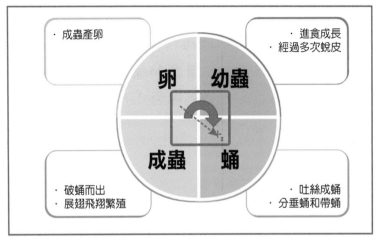

❸

按住 Shift 鍵和滑鼠左鍵由左上到右下等比例拖曳出箭頭圖案

▶ 設定圖案和線條色彩

圖案和線條顏色想要更換，Writer 也可以輕鬆辦到喔！

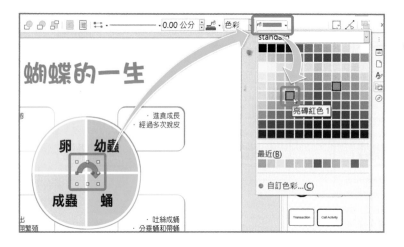

1 變更圖案顏色

選取圖案，點選 ，
【填入色彩】更換你喜歡
的顏色

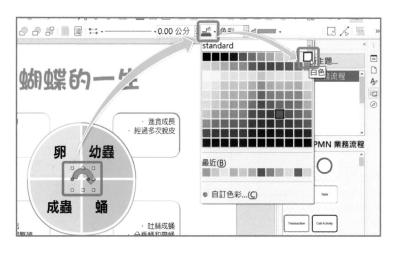

2 變更線條顏色

再點選 ，【線條色彩】
的 ，更換你喜歡的顏色

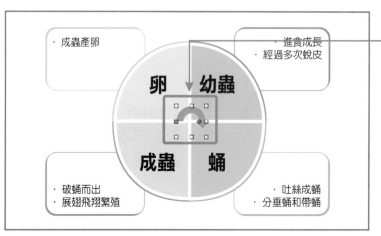

3

圖案和線條顏色更換結果
如圖示，是不是很簡單！

▶ 複製圖案並旋轉

因為要做循環的感覺，我們複製同樣的箭頭並改變角度就可以囉！

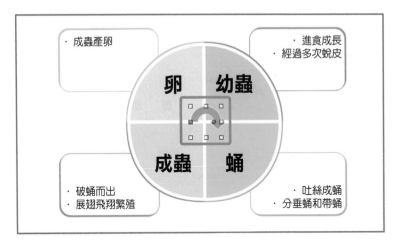

1

點選圖案，按快速鍵 Ctrl + C 複製，再按 Ctrl + V 貼上

💡 小 提 示

複製出的圖案，會貼在同一個位置上。

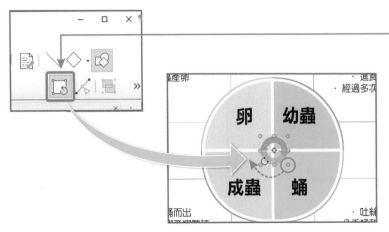

2

按 🔄【旋轉】，拖曳控點，將圖案旋轉如圖示

完成後再按一次 🔄【旋轉】，取消旋轉

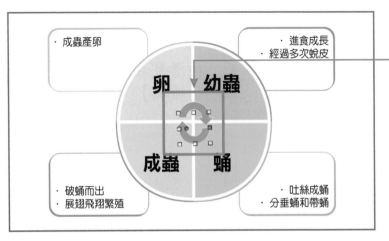

3

再調整一下箭頭位置約如圖示，就會有循環感覺囉

4 強調圖片圖表

最後，我們再學習如何用圖片來對照蝴蝶的一生，讓學習單更加容易理解，快來試試吧！

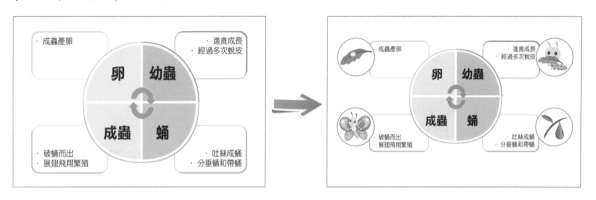

▶ 圖案插入圖片

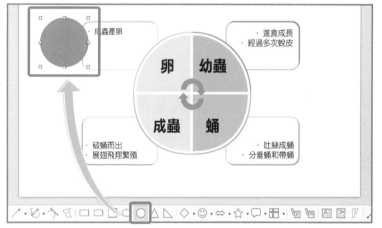

❶

繪製【圓形】圖案，約如圖示大小

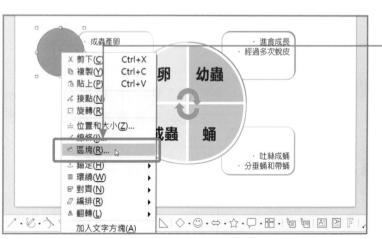

❷

按滑鼠右鍵，點選【區塊】

98

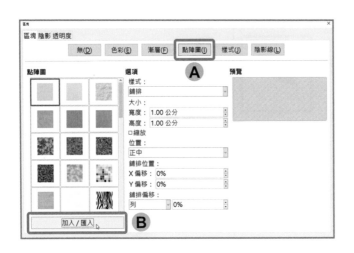

❸

Ⓐ 按【點陣圖】標籤

Ⓑ 按【加入 / 匯入】,加入老師指定的圖片

❹

出現對話框,按【確定】

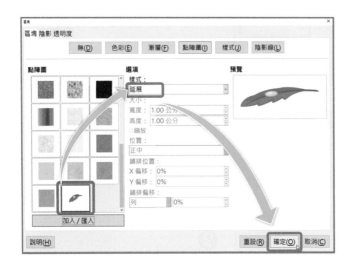

❺

圖片確定加入,樣式選【延展】,並按【確定】

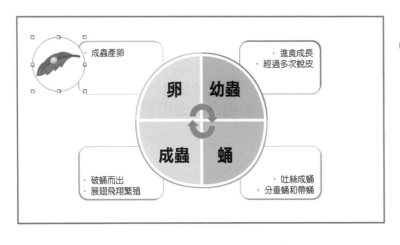

❻

圖案裡成功插入圖片

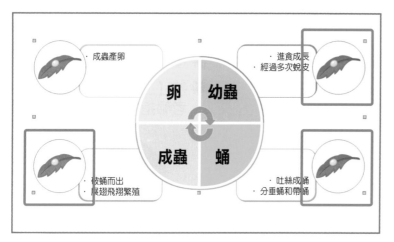

❼

按 Ctrl + C 複製，再按 Ctrl + V ，陸續貼上圖示圖案

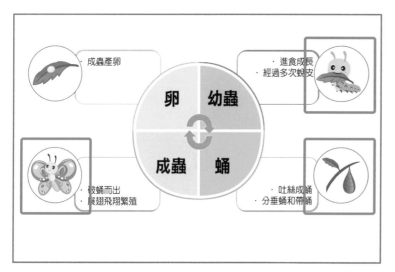

❽

仿照 p98 ❷ ～ p99 ❺ 步驟，陸續更換對應的圖片

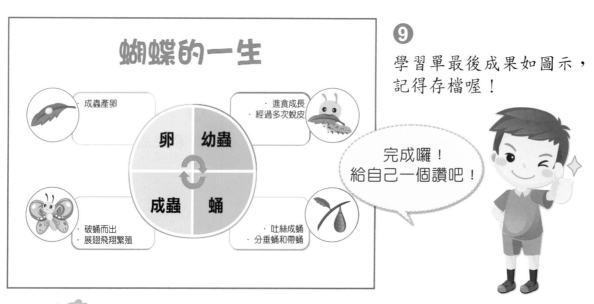

❾

學習單最後成果如圖示，記得存檔喔！

完成囉！
給自己一個讚吧！

文書處理加油站

利用各種【圖案】來繪製圖形，運用想像力，簡單組合一下，就能創作出更多的圖形喔！
(使用基本形狀、圓形、符號、徒手畫線條...等)

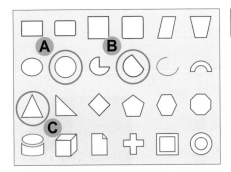

組合圖案：多種圖形的組合

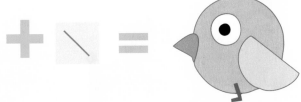

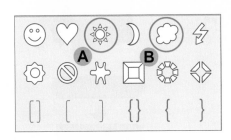

發揮想像力，
試著組合出各種圖形，
看誰最有創意！

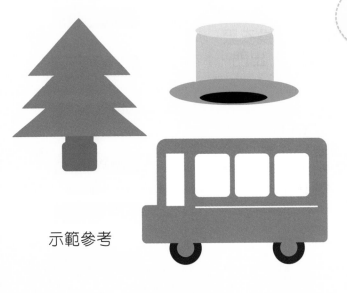

示範參考

懂更多　運用簡單演算法畫出流程圖

【流程圖】是利用各種圖形、線條、箭頭等符號，來解決問題的步驟，以及呈現問題進行的順序。

【演算法】是將一切的過程，設計出能夠解決問題的步驟和規則；而【流程圖】是演算法的一種表現方式，有助於釐清做事的邏輯與步驟。一起來練習吧！

起床
刷牙、洗臉
換衣服
吃早餐
揹書包、穿鞋
出門

想一想，起床到出門要做些什麼事呢？依照順序寫下來，再運用 Writer 繪圖工具，就可以畫出流程圖！

例如：起床 → 刷牙、洗臉 → 換衣服 → 吃早餐 → 揹書包、穿鞋 → 出門

YA！
起床到出門要做的事情，用流程圖表現真清楚！

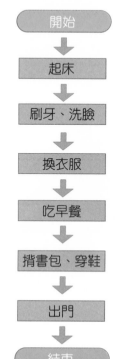

開始
↓
起床
↓
刷牙、洗臉
↓
換衣服
↓
吃早餐
↓
揹書包、穿鞋
↓
出門
↓
結束

我 是 高 手　小水滴之旅

開啓本單元的練習小檔案，試著運用圖表和繪圖工具，完成一個水循環的學習單吧！

小水滴之旅

蒸發	凝結
水被太陽熱力變為氣態水的現象。	水氣因遇冷而變為液態的過程。
匯流	降水
水順著地表流入河、海或在地下。	水掉落的過程，包含雨、雪、冰。

示範參考

小水滴之旅

蒸發	凝結
水被太陽熱力變為氣態水的現象。	水氣因遇冷而變為液態的過程。
匯流	降水
水順著地表流入河、海或在地下。	水掉落的過程，包含雨、雪、冰。

示範參考

想想看，還有什麼圖表圖形適合做成水循環吧！

( )❶ 要在下方顯示【繪圖功能列】，需按哪一個按鈕？

1. ◻ 2. ◇ 3. ▨

( )❷ 哪一個是【取消群組】？

1. ▣ 2. ▣ 3. ▧

( )❸ 哪一個是插入【圖表】要按的【圖庫】按鈕？

1. ▨ 2. ▧ 3. ▧

( )❹ 如果想旋轉圖案，要按？

1. ◻ 2. ▤ 3. ▨

 進階練習圖庫　　循環插圖

在本書光碟【進階練習圖庫】資料夾中，有很多【循環插圖】提供你做練習喔！

種子　　　　發芽　　　長出葉子　　　開花　　　　結果

另外，人物的表情變化，把它們也當作一種循環，是不是也很有趣啊?! 這些圖片，在本課【進階練習圖庫】裡也有喔！

6 防疫新生活 - 海報

- 圖案應用與幫圖片做造型

學 習 重 點

◎ 了解製作海報的概念

◎ 學會將平面圖案變立體

◎ 學會幫圖片做造型

統 整 課 程

健體　國語文

製作海報三原則

海報通常是用在宣導或傳達觀念、訊息(例如：節約能源、防疫新生活、反霸凌、園遊會、運動會…)。製作上要注意以下三個原則：

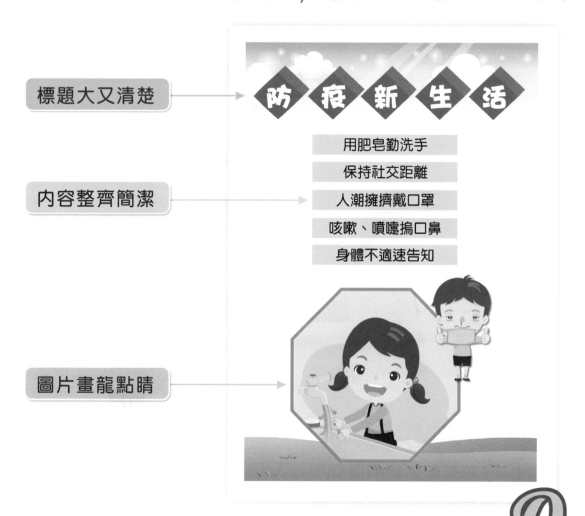

標題大又清楚

內容整齊簡潔

圖片畫龍點睛

防 疫 新 生 活

用肥皂勤洗手
保持社交距離
人潮擁擠戴口罩
咳嗽、噴嚏搗口鼻
身體不適速告知

製作海報時還要注意什麼呢？

◆ 如何讓主題更醒目？
◆ 適合插入哪些圖片？
◆ 如何調整版面才能賞心悅目？

我知道了，那就將海報變成這樣，很有創意吧！

這才不是創意，只是亂排一通嘛！

我們在調整版面時，一定要注意：
◆ 整體要整齊有秩序。
◆ 主題要大又醒目、清楚。
◆ 內容訊息要同一範圍。
◆ 圖片切題，大小適當，並放在合適的位置。

臺灣對抗新冠病毒防疫有成，我們就以【防疫新生活】為主題，來製作如何日常防疫生活的海報！

2 圖案當標題很特別

圖案加入文字可以當作標題！不僅特別、美觀，也很醒目喔！
一起來學習怎麼做吧！

▶ 繪圖圖案變立體

先畫一個圖案，並且把它變成立體。

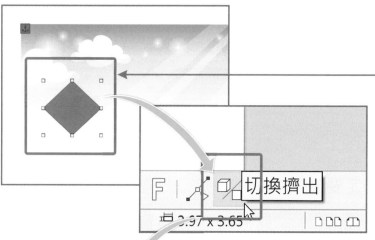

為了節省練習時間，這份文件已先將背景完成。

❶
開啟本課練習小檔案，點 ◇・【基本形狀】，拖曳畫出約如圖示的圖案

❷
按 ％ 【切換擠出】，將圖案變成立體

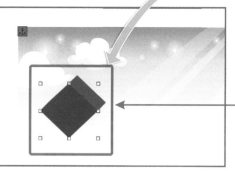

❸
圖案變成立體如圖示

 老師說

3D 效果可以輕易的將平面圖案變成立體，來看有哪些變化！

擠出　　　變化角度　　　變化深度　　　變化透視　　　變化照明

▶ 改變立體圖案顏色

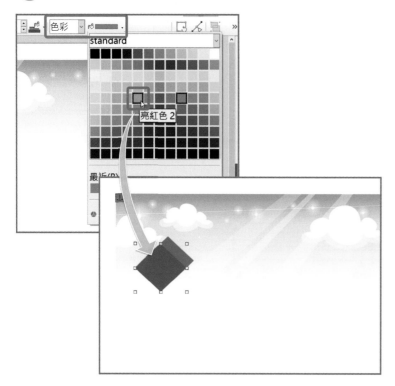

1

選取圖案，點選【填入色彩】更換你喜歡的顏色

2

圖案變色囉！

▶ 圖案新增文字

圖案變成立體，顏色也調整好，讓我們在圖案裡新增文字吧！

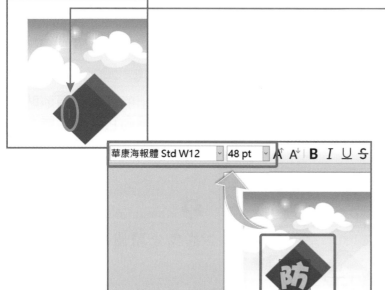

1

快速點 2 下立體圖案，出現文字插入點

2

輸入文字：防，並設定文字格式和顏色如圖示

3 乖乖排排站 - 對齊和群組

利用對齊與群組，讓物件簡單、快速的整齊排列，更顯得美觀。

對齊

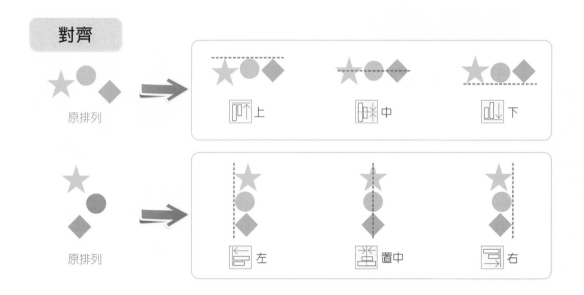

▶ 修改圖案文字

實際來操作練習一下吧！

①

點選立體圖案，複製並貼上 4 次

小提示

複製出的圖案會原地貼上，移動它就會看見。

②

拖曳分開圖案，約如圖示

③

圖案點2下，拖曳選取圖案上的文字，分別修改成圖示文字

> 文字內容可從老師準備的文字檔複製、貼上。

▶ 對齊與群組

①對齊

A 按住 Shift 鍵，陸續點選所有圖案

B 點 ⬚【對齊】下拉方塊，選 ⬚【中】

②

圖案置中後，調整間距約如圖示，並再次陸續點選所有圖案

③群組

按【群組】

> 群組後的物件就能一起移動、縮放。
> 點選 ⬚ 可取消群組。

④

再往上移至約如圖示位置，標題就完成囉！

4 插入文字方塊

有了標題，接著要製作海報內容囉！想讓內容隨心所欲的自由擺放，用【文字方塊】就可以輕易辦到！

▶ 插入文字方塊

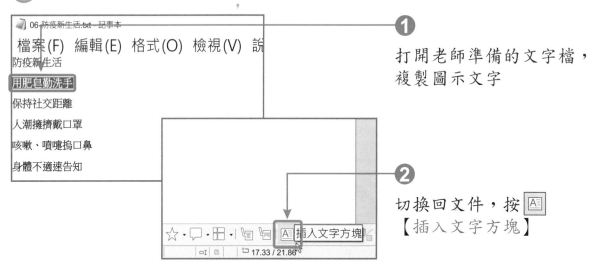

1

打開老師準備的文字檔，複製圖示文字

2

切換回文件，按 🅰 【插入文字方塊】

3

拖曳、拉出文字方塊約如圖示

4

貼上文字，並設定文字格式如圖示

⑤

按 ≣ 和 ╪ ，讓文字水平
和垂直都居中於文字方塊

▶ 文字方塊填入色彩

文字方塊本身是透明的，我們填入色彩讓它和背景做區隔。

❶

點選文字方塊外框，設定
如圖示

❷

選你喜歡的顏色，填入文
字方塊

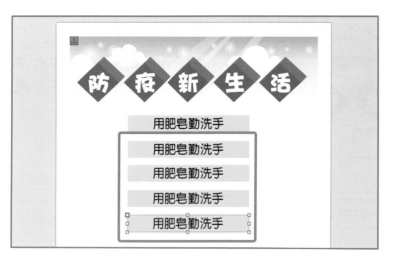

❸

仿照前面步驟，複製4個文字方塊

❹

分別修改成圖示文字

 小提示

文字內容可從老師準備的文字檔複製、貼上。

❺

調整一下文字方塊間距約如圖示，並群組起來，海報內容就完成了！

(先另存新檔吧！)

5 幫圖片做造型

海報中插入符合情境的圖片，可以達到畫龍點睛的效果；再用繪圖工具的【基本形狀】來為圖片做造型，更顯得活潑且與眾不同！

 **+** 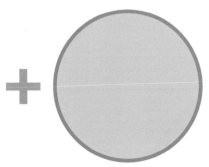 **=**

原始圖片形狀　　　　　任一基本形狀　　　　　完成圖片造型

學會這樣的技巧，
就不用侷限在圖片原本
的形狀，可以讓它變得
更有趣喔！

▶ 幫圖片做造型

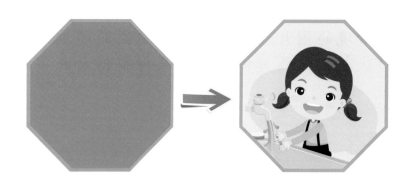

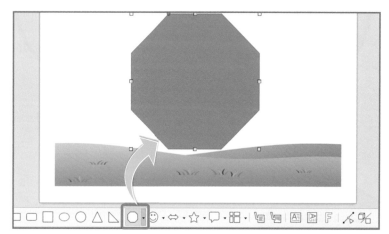

❶

插入【八邊形】圖案，約如圖示大小

小提示

移動捲軸到最下面，在空白區域畫出圖案。

❷

改變線條顏色和粗細

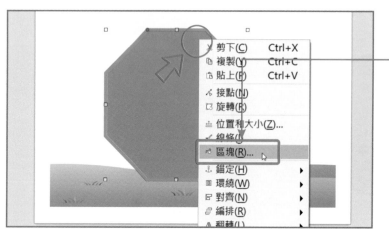

❸

在圖案上按滑鼠右鍵，點選【區塊】

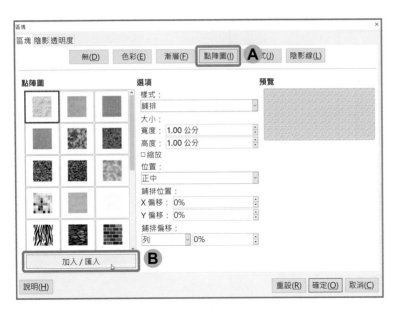

④

A 按【點陣圖】標籤

B 按【加入 / 匯入】，加入老師指定的圖片

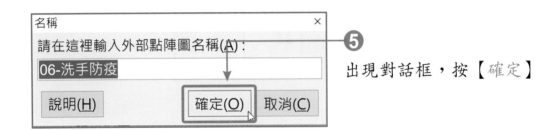

⑤

出現對話框，按【確定】

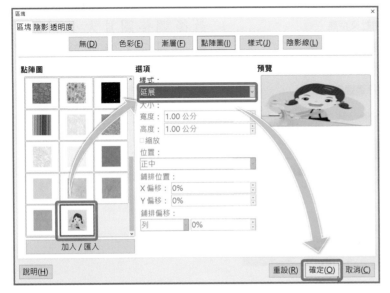

⑥

圖片確定加入，樣式選【延展】，並按【確定】

7 圖案裡成功插入圖片

8 再插入老師指定的圖片，加強主題印象

YA！海報製作真簡單！

9

最後調整圖片大小和位置約如圖示，海報就完成了

記得要存檔喔！

我 是 高手　　認識校園霸凌

開啟本單元的練習小檔案，試著製作圖案標題、並幫圖片做造型，完成一張認識校園霸凌的海報吧！

示範參考

想想看，學會本課技巧後，還可以應用在哪裡呢？

 練功囉

( )**1** 要將平面圖案變成立體，要按？

1. 2. 3.

( )**2** 哪個是【插入文字方塊】？

1. 2. 3.

( )**3** 哪個是【對齊】？

1. 2. 3.

( )**4** 圖片可以做造型嗎？

1. 可以 2. 不可以 3. 不知道

 進階練習圖庫　　海報背景

在本書光碟【進階練習圖庫】資料夾中，有很多【海報背景】提供你做練習喔！

7 全球暖化大作戰(救救北極熊) - 封面

- 網路資源運用

◎ 學會網路資源的應用

◎ 了解創用 CC 標示與應用

◎ 學會加入網頁超連結

統 整 課 程

自然科學 國語文

網路是報告的好幫手

近百年來的氣候異常、水災、旱災、傳染病...都跟【全球暖化】有關。而【北極熊】因為全球暖化,正面臨絕種危機中。本課就以【全球暖化大作戰-救救北極熊】為主題,製作一份報告吧!

因為全球暖化關係,冰都融化了,請救救我和我的家!

選好主題,先學習如何製作報告封面,下一課再來做內容吧!

報告通常有文字和圖片,要怎麼取得啊?

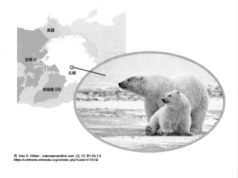

全球暖化大作戰
救救北極熊

圖 Alan D. Wilson - naturespicsonline.com [1], CC BY-SA 3.0,
https://commons.wikimedia.org/w/index.php?curid=3179132

- 班級:四年一班
- 座號:6號
- 姓名:王小宇

資料來源:維基百科-北極熊

▶ 資料蒐集百寶箱 - 網路

北極熊的資料，要去哪裡找？怎麼找呢？

到【維基百科】就對啦！(首頁網址 https://zh.wikipedia.org/)

維基百科有
超豐富的資料，
可以用搜尋的方法
找到喔！

取用網路資料，
要尊重著作權，
並符合
創用CC 的規範！

輸入 關鍵字 搜尋

找到並點選資料超連結

可以找到很多
關於北極熊的
資料喔！

哇！有文字、
有圖片，超豐富！

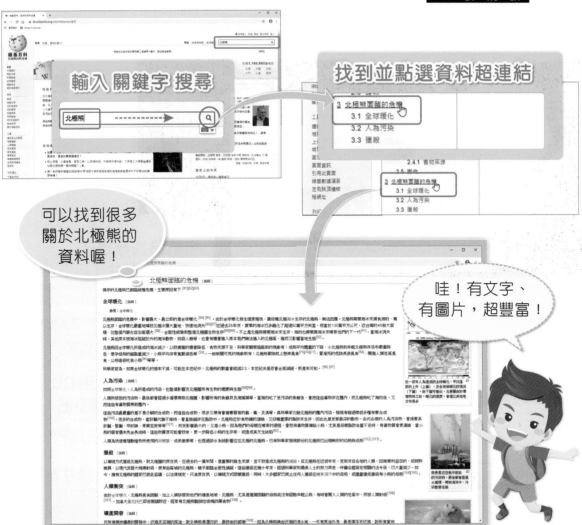

▶ 認識創用 CC - 四個授權要素

創用 CC 授權條款包括「姓名標示」、「非商業性」、「禁止改作」以及「相同方式分享」四個授權要素，其意思分別為：

這個圖表示，使用時要註明作者姓名。

這個圖表示，使用在作品時，不可以拿來獲利。

這個圖表示，使用時，只能拷貝，不可以變更或修改。

這個圖表示，使用時，只能依同樣的授權條款來發布該作品。

維基百科中的圖片、文字內容，大多是經過授權，可以分享使用的喔！

資料來源網址

按箭頭找尋想要運用的圖片！

作者姓名

創用 CC 標示

使用時，記得要標示出處。

由 Alan D. Wilson - naturespicsonline.com: [1], CC BY-SA 3.0, https://commons.wikimedia.org/w/index.php?curid=3178132

想更了解創用 CC 到以下網站看看吧！

Creative Commons 台灣社群網站：
https://cc.ocf.tw/

▶ 創用 CC 圖庫

在【Creative Commons 台灣社群】網站中，開啟【馬上搜尋 CC】超連結，可快速、方便尋找 CC 授權素材，讓你合法下載使用喔！

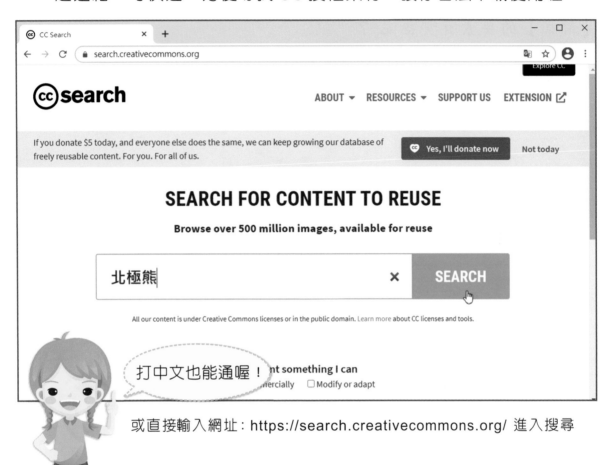

打中文也能通喔！

或直接輸入網址：https://search.creativecommons.org/ 進入搜尋

例: 搜尋【北極熊】

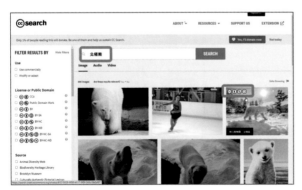

例: 搜尋【臺南赤崁樓】

2 報告封面設計要素

製作專題報告時，一定要有封面和切合主題的內容，那麼製作
【封面】的要素有哪些呢？

標題

圖片

製作人

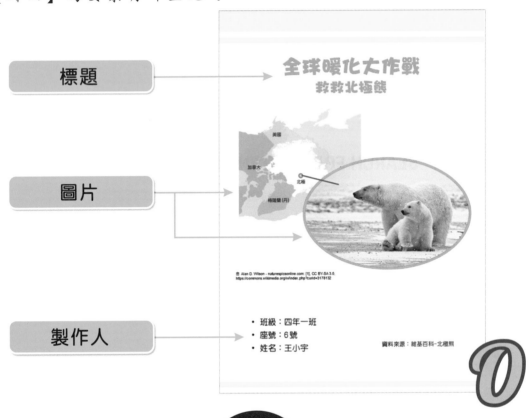

製作封面時
還要注意什麼呢？

◆ 如何讓主題更醒目？
◆ 適合插入哪些圖片？
◆ 如何調整版面才能賞心悅目？

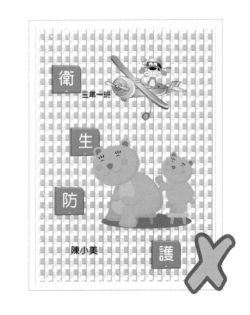

③ 網路幫幫忙 - 下載網路圖片

到【維基百科】找北極熊照片，並儲存起來，準備封面圖片吧！

① 用瀏覽器開啓維基百科網站，輸入關鍵字北極熊，按 🔍 搜尋

② 找到【北極熊】的資料啦！

▶ 下載網路圖片

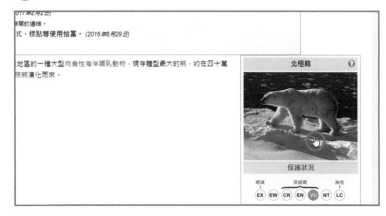

①

在圖片上點一下

②

按箭頭找尋想要的圖片，然後按 ⬇ 【下載此檔案】

3

在【下載原始檔案】按右鍵，點選【另存連結為】，就可以將圖片儲存到電腦囉！

▶ 運用到報告中

現在，我們一起學習如何將下載的圖片運用到報告中吧！

為了方便練習，報告封面已經做好封面樣式，完成標題和製作人。

1

開啟本課練習小檔案

2 幫圖片做造型

插入圖案並改變線條顏色和粗細，再匯入圖片，成果如圖示

改變線條顏色、粗細、在圖案裡匯入圖片，這在第 6 課就學過囉！

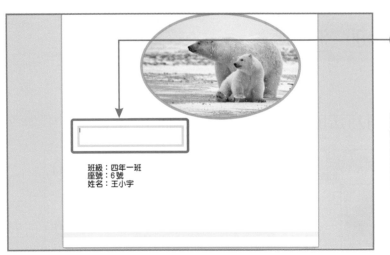

3 標註作者資訊

在圖片下拖曳出文字方塊

 小提示

插入文字方塊的方法，
這在第 6 課就學過囉！

4

切換回網頁，點選【您需
要註明作者】，按 複
製文字

5

到文件上，按 Ctrl + V
貼上，並設定文字格式

字型：華康中圓體/Arial

字級：8

文書處理加油站

裁切圖片

如果要剪裁圖片也是有方法的，來看看怎麼做吧！

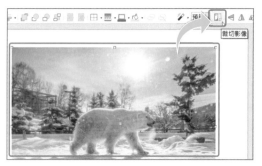

1 圖片選取狀態下，點 ▣▣【裁切影像】。

2 出現 ⌐ ，拖曳四周控點，調整到想要的剪裁範圍後，在空白處點一下就完成了。

裁切圖片的目的

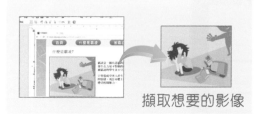

擷取想要的影像

一張裁成多張影像

擷取部分變特寫

重新構圖

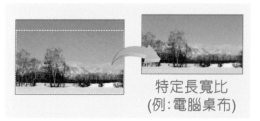

特定長寬比
(例：電腦桌布)

4 物件上下有順序 - 圖層安排

當圖片重疊時，想調整上下順序，就要用到【圖層】功能了！讓我們插入一張標示北極的地圖，然後練習一下吧！

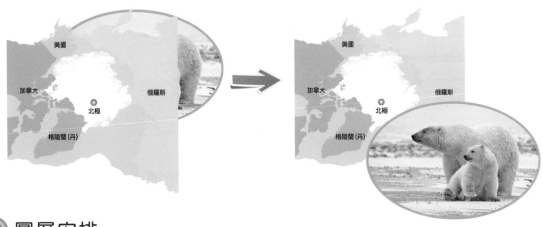

▶ 圖層安排

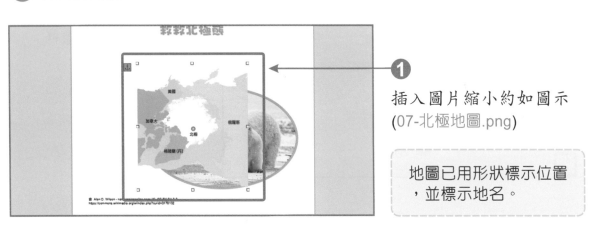

1 插入圖片縮小約如圖示 (07-北極地圖.png)

> 地圖已用形狀標示位置，並標示地名。

2 圖片選取狀態下，按 【移動到最下層】

3

將兩張圖片調整位置約如圖示,再取消選取

▶ 插入導引線

插入導引線,將照片標示到地圖上,一看就知道北極熊的家在哪裡!

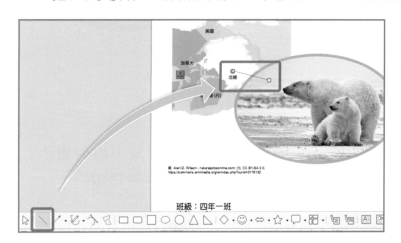

1

按 ◸ 【插入線條】,拖曳畫出約如圖示線條

2

再設定線條寬度,導引線就完成了!

在空白處點一下取消選取,並另存新檔吧!

5 項目符號

對於【條列式】的內容，可以加入項目符號讓內容更清楚明白！

【項目符號】是用來標記【條列式】內容前的符號，可以是各種不同的形狀和樣式，如圓圈、方塊、菱形、箭頭、文字...等。

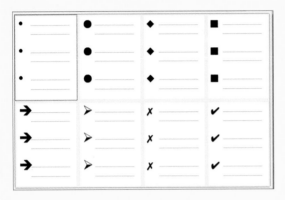

▶ 加入項目符號的好處

加入【項目符號】後，條列式內容就會更加清楚、容易閱讀。

嗯！加入項目符號，閱讀起來更條列分明了。

▶ 調整行距

將捲軸移動到最下面，看到封面的條列式內容太擠了，在加入項目符號前，先來調整一下行距吧！

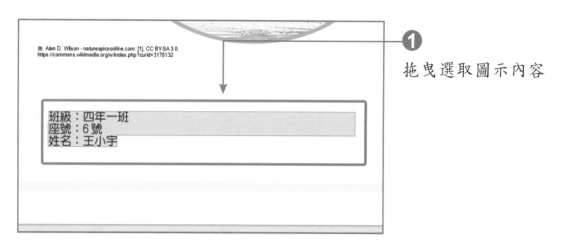

1 拖曳選取圖示內容

2 按 【設定行距】，選圖示【間距：1.5】

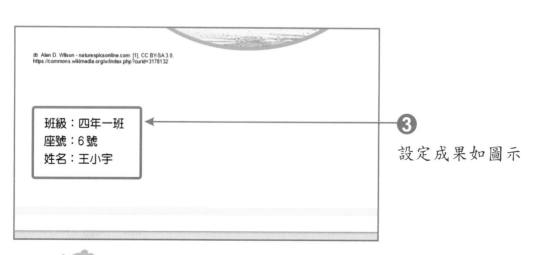

3 設定成果如圖示

加入項目符號

班級：四年一班 座號：6號 姓名：王小宇	➡	• 班級：四年一班 • 座號：6號 • 姓名：王小宇

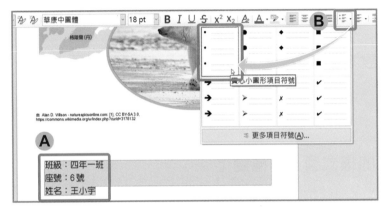

❶

設定項目符號：

Ⓐ 拖曳選取圖示內容

Ⓑ 按 的 【切換項目符號清單】，點選你喜歡的符號

💡 小提示

點選【更多項目符號】，還有很多彩色和其他樣式的項目符號喔！

由 Alan D. Wilson - naturespicsonline.com: [1], CC BY-SA 3.0, https://commons.wikimedia.org/w/index.php?curid=3178132

• 班級：四年一班
• 座號：6號
• 姓名：王小宇

❷

設定成果如圖示

 老師說

也能加入【編號】：

按一下 ，即可加入編號。

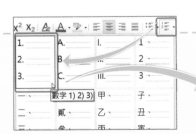

1. 嚴禁攜帶飲食進入電腦教室，並保持
2. 在電腦教室內請輕聲慢步，交談時放
3. 不可將遊戲軟體帶入電腦教室使用。
4. 不可安裝或使用非法軟體。
5. 不可任意更改電腦系統設定或拆裝硬
6. 不可任意刪除或複製硬碟內的各項資
7. 電腦教室內共用之使用手冊、參考書

6 加入網頁超連結

使用網站上的資料一定要尊重著作權、註明出處並取得同意！另外如果能在資料來源上再加入【網頁超連結】，那就更好了！

資料來源：維基百科-北極熊 資料來源：<u>維基百科-北極熊</u>

▶ 認識網頁超連結

在資料上(文字或圖片)設定超連結，就能夠直接點按開啟網頁。

文字超連結

文字如果設了超連結，它的樣式會有2種變化：

1. 變顏色
2. 文字下加底線

資料來源：<u>維基百科-北極熊</u>

圖片超連結

圖片如果設了超連結，按住 Ctrl 鍵，游標移到圖片上，會出現手指符號

就讓我們來做練習吧！

▶ 設定文字超連結

①

Ａ 建立文字方塊，並輸入圖示文字與設定格式，拖曳選取【維基百科 - 北極熊】

Ｂ 點 🌐【插入超連結】

> 文字內容可從老師準備的文字檔複製、貼上。

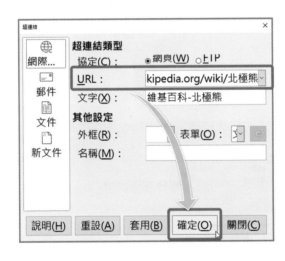

②

開啟本課文字檔，複製後，貼在【URL】處，再按【確定】

③

到設定超連結的文字上，按住 Ctrl 鍵，然後按一下左鍵，就可以開啟設定的網頁囉！

本課專題報告的封面完成了，記得要存檔喔！

我是高手 認識臺灣古蹟

同學們，試著以住家附近的古蹟，做一份認識臺灣古蹟專題報告的封面吧！ 這裡以【維基百科 - 赤崁樓】做示範。

示範參考

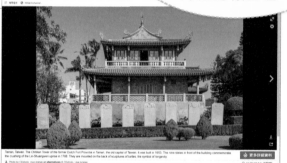

除了古蹟，你也可以選一個知名景點，到維基百科找資料，做景點介紹的報告喔！

懂更多　　擷取網頁文字

學會了下載網頁圖片，那...網頁文字又要如何擷取呢 ？
一起來看看吧！

1 到維基百科找到介紹【北極熊】的頁面

2 拖曳要擷取的文字，按滑鼠右鍵，點選【複製】(或按 Ctrl + C 複製)

北極熊面臨的危機中，影響最大、最立即的是全球暖化，賴北極海冰生存的北極熊，無法因應。北極熊需要極冰層大量地、快速地消失[90][91]在過去 25 年來於 130 萬平方公尺，近台灣的 40 倍大面積、比整物生存[93][94]。

北極熊面臨的危機中，影響最大、最立即[88] [89] 。由於全球暖化發生速度極快生存的北極熊，無法因應。北極熊需要海以生存，全球暖化嚴重地導致北極冰層大[90] [91]在過去 25 年來，夏季的海冰已多平方英里，相當於120 萬平方公尺，近台

3 到 Writer，按 【貼上】下拉方塊，選【無格式設定的文字】

4 再設定文字格式就完成囉！

北極熊面臨的危機中，影響最大、最立即的是全球暖化，[88]
讓依賴北極海冰生存的北極熊，無法因應。北極熊需要海冰
重地導致北極冰層大量地、快速地消失[90][91]在過去 25 年
平方英里，相當於 130 萬平方公尺，近台灣的 40 倍大面積、
性威脅到整個北極圈生物生存[93][94]。

A

- 剝除式超文字標記語言
- 沒有註解的 HTML 格式

保留原來網站的文字格式，包含文字、大小和超連結...等。

北極熊面臨的危機中，影響最大、最立即的是全球暖化，[88] [89
賴北極海冰生存的北極熊，無法因應。北極熊需要海冰來捕食海
極冰層大量地、快速地消失[90][91]在過去 25 年來，夏季的海冰
於 130 萬平方公尺，近台灣的 40 倍大面積、比整個內蒙古自治
物生存[93][94]。

B

- 無格式設定的文字

將原來網站的所有文字格式，全部回到純文字狀態，讓我們方便引用到報告裡。

練功囉

( ) **1** 網路上的文字、圖片、音樂等都可以隨便使用嗎？

    1. 可以　　　　　　2. 不可以　　　　　3. 不知道

( ) **2** 想要將圖片移到最下層，要按？

    1. [圖]　　　　　2. [圖]　　　　3. [圖]

( ) **3** 文字如果設了超連結，會有什麼變化？

    1. 變顏色　　　　2. 加底線　　　　3. 以上都是

( ) **4** 擷取網頁文字後，哪一個選項貼上後可以變成純文字？

    1. 剝除式超文字標記語言　　2. 沒有註解的 HTML 格式
    3. 無格式設定的文字

進階練習圖庫　　景點照片

你也可以用本書光碟【進階練習圖庫】資料夾中的【景點照片】為主題，練習做出該景點的報告。 (本課先做封面)

宜蘭吉米公園

台北大湖公園

新北十三行博物館

嘉義陶板窯

8 全球暖化大作戰(救救北極熊) - 內頁

- 內頁編排與電子書

學 習 重 點

◎ 學會製作報告內容

◎ 學會建立目錄與頁碼

◎ 認識電子書

統 整 課 程

綜合　國語文

1 專題報告與電子書

上一課製作了報告的封面，本課要來製作報告的內頁！

內頁包含目錄、標題、段落、頁碼...等，Writer 都能快速建立。

完成的報告還可以製作成電子書，分享給同學喔！

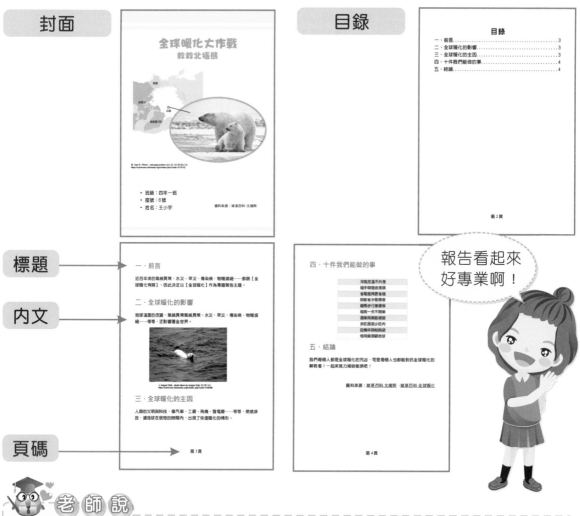

封面

目錄

標題

內文

頁碼

報告看起來好專業啊！

老師說

報告是一份 2 頁以上的文件，通常包括：

A 封面：有標題、插圖和作者等，沒有頁碼。

B 目錄：主標題或章節等。

C 內文：包括前言 (動機、目的...等)，主文 (資料蒐集、彙整說明)，
結論 (心得或建議)...等。

▶ 電子書與 PDF

【電子書】就是將各種資料數位化，可以透過不同的裝置 (例如：電腦、
手機、平板電腦....等) 來閱讀。

【PDF】檔，是一種常見的電子書檔案格式，因軟體相容性高，便於開
啟、傳輸，而被廣為運用喔！

可跨平台瀏覽

用電腦就可以
看書喔！

也可以下載到
手機來閱讀。

方便傳輸分享

隨身碟　　E-mail

雲端硬碟

2 製作報告內容

接續上一課的成果，新增頁面，並複製本課練習小檔案內容，貼上至新頁面後，再陸續設定樣式、目錄、頁碼，來完成這份報告吧！

▶ 設定分頁符號

【分頁符號】是標記一頁的結束和下一頁開始的位置，藉此建立新的頁面，不用一直按 Enter 鍵向下擴充頁面。來看看怎麼做吧！

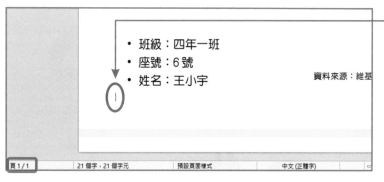

❶

開啟上一課的成果，向下移動捲軸，約圖示位置點1下

> 狀態列顯示出目前只有 1 頁。接下來要學習如何增加目錄和報告內容的頁面。

❷

按【插入】選【分頁符】

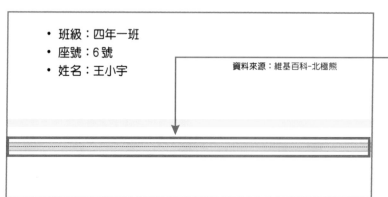

❸

多了分頁符號虛線，到新的頁面，重複步驟再新增一個頁面

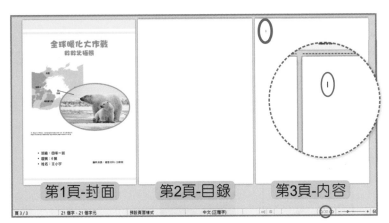

第1頁-封面　第2頁-目錄　第3頁-內容

4

成果如圖示，在第3頁準備貼入報告內容

在狀態列的文件檢視按 🔲【多頁檢視】，再縮小顯示比例，就可看到全部頁面。

為了方便練習，檔案是已經完成專題報告的內容，但還沒做編排與調整。

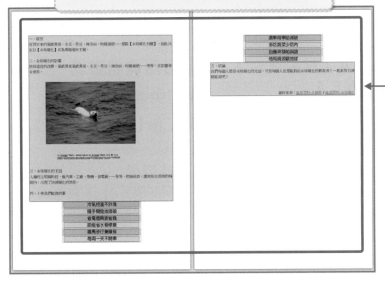

5

開啟本課練習小檔案，並按 Ctrl + A 鍵全選，再按 Ctrl + C 鍵複製

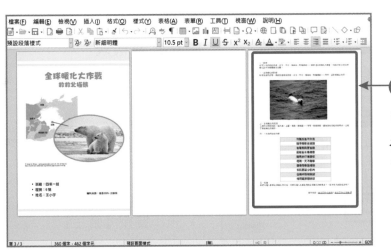

6

回到報告第3頁，按 Ctrl + V 鍵，貼上練習小檔案的內容，如圖示

▶ 套用與修改標題樣式

報告裡要區分標題和內文，才會讓內容更加清楚。Writer 有提供【樣式】的設定，可以讓我們快速建立一致化的格式。

 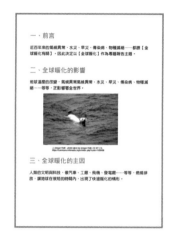

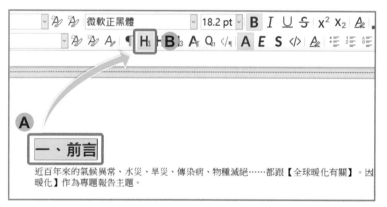

❶ 套用標題樣式

Ⓐ 拖曳選取標題

Ⓑ 按 H₁【標題1段落樣式】

> 按【檢視／工具列／格式設定(樣式)】，就能在視窗上方 ，顯示格式設定工具列了。

❷ 修改標題樣式

按 A₂【編輯樣式】進入修改標題樣式

❸

【字型】標籤下，亞洲文字字型大小設定【180%】

> 後面還要做其他設定，先不要按【確定】。

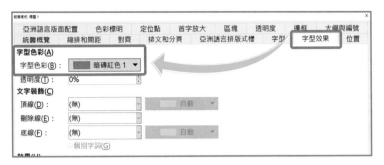

❹

【字型效果】標籤下，字型色彩選【暗磚紅色1】(或你喜歡的顏色)

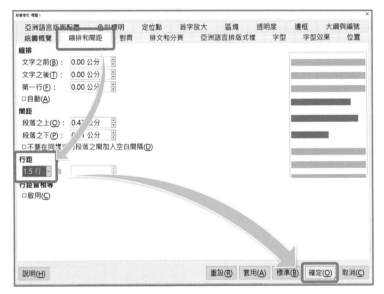

❺

【縮排和間距】標籤下，行距選【1.5 行】，最後按【確定】

❻

仿照步驟 ❶，陸續完成二～五標題設定 (套用)

▶ 套用與修改內文樣式

標題設定完成，再來設定【內文】，讓所有內文都套用相同樣式吧！

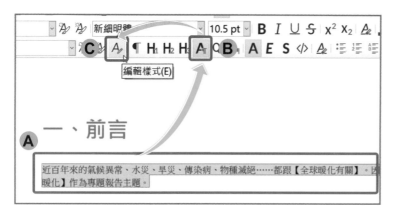

❶ 套用與修改內文樣式

Ⓐ 拖曳選取圖示內文

Ⓑ 按 Aᴛ【內文段落樣式】

Ⓒ 按 A【編輯樣式】進入修改內文樣式

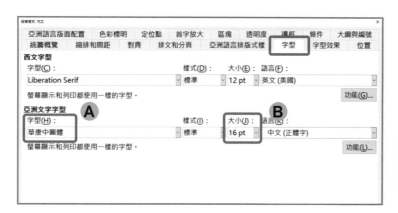

❷

【字型】標籤下設定：

Ⓐ 字型【華康中圓體】

Ⓑ 大小【16 pt】

> 後面還要做其他設定，
> 先不要按【確定】。

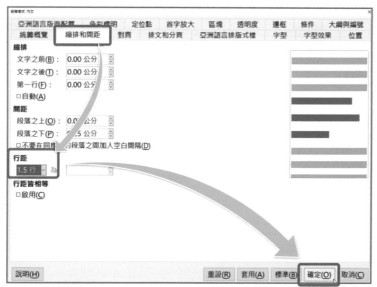

❸

【縮排和間距】標籤下，
行距選【1.5 行】，最後
按【確定】

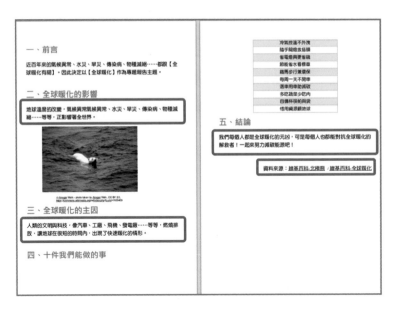

4

仿照步驟 **1** 的 **A**、**B**，陸續完成二~五內文設定 (套用)

用標題建立目錄

想要製作目錄頁，不必一一打字，用設定好的【標題】，就可以自動建立目錄喔！

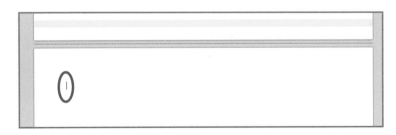

1

到報告第2頁，約在圖示位置點1下

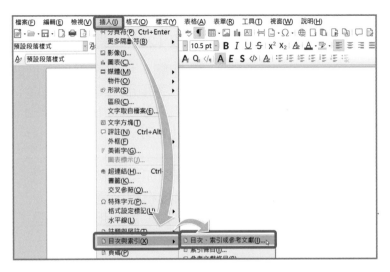

2

按【插入】標籤，選【目次與索引 / 目次、索引或參考文獻】

標題要在【樣式】裡建立，才會自動變成目錄。

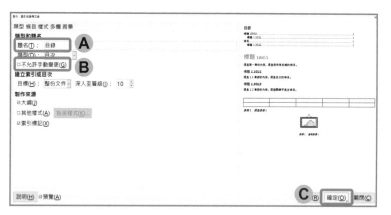

3

Ⓐ 題名改為【目錄】

Ⓑ 取消勾選【不允許手動變更】

Ⓒ 按【確定】

4

目錄一下就建立好了，又快又方便吧！

目錄

5

設定文字格式：

Ⓐ 拖曳選取【目錄】，大小改【28】，選 ☰【置中】

Ⓑ 如圖，拖曳選取所有標題，字型改【華康中圓體】，大小改【18】，間距【1.5】

標題如果有修改，在目錄按右鍵，選【更新索引】，會一起更新，但文字格式要重新設定。

▶ 插入頁碼

最後，我們在頁尾加入【頁碼】，讓報告內頁顯得更專業吧！

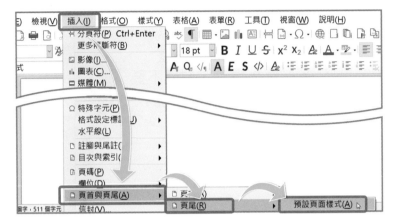

1

按【插入】標籤，選【頁
首與頁尾 / 頁尾 / 預設頁
面樣式】

2

輸入圖示文字並設定格式
字型：華康中圓體
大小：16，選 ≣【置中】

再到【第頁】中間點1下

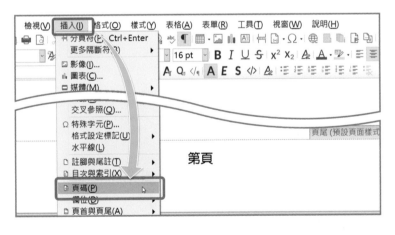

3

按【插入】選【頁碼】

4

加入的頁碼如圖示

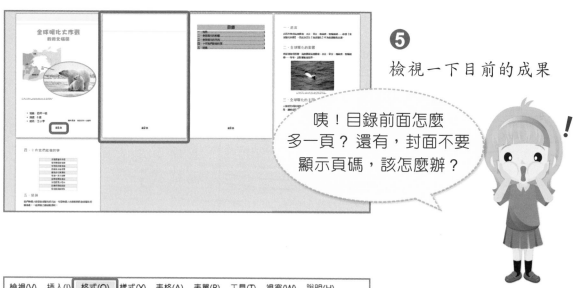

❺

檢視一下目前的成果

咦！目錄前面怎麼多一頁？還有，封面不要顯示頁碼，該怎麼辦？

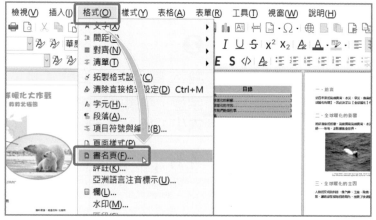

❻

按【格式】選【書名頁】

書名頁

製作書名頁

● 將現有的頁面轉換為書名頁(A)

○ 插入新書名頁(B)

書名頁的頁數(D)：1

將書名頁置於：　● 文件開頭(E)

　　　　　　　　○ 頁(P)　　1

頁面編碼

☐ 書名頁之後的頁碼重設(G)

頁碼(I)：

☑ 第一張書名頁設定頁碼(J)

頁碼(K)：0

編輯頁面屬性

樣式(S)：第一頁　　　　編輯(L)...

說明(H)　　　確定(O)　　取消(C)

❼

設定如圖示，並按【確定】

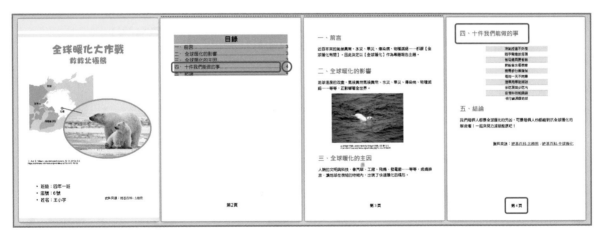

❽ 再檢視一次成果，目錄頁中標題四的頁碼【3】要修改為【4】。
整份報告就完成囉！(記得要存檔喔！)

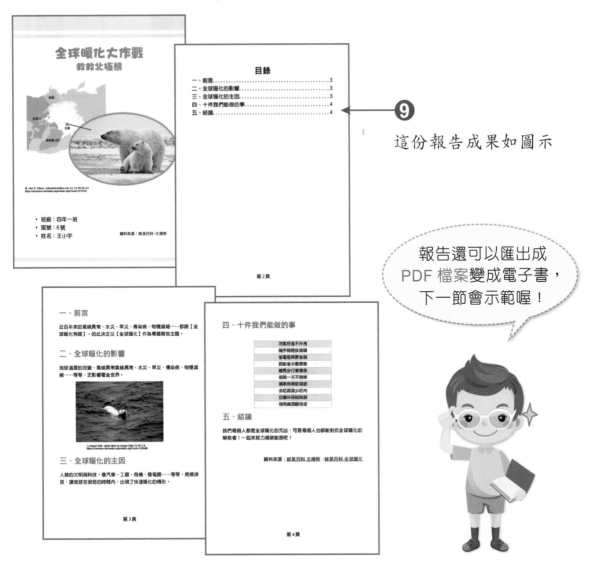

❾ 這份報告成果如圖示

報告還可以匯出成 PDF 檔案變成電子書，下一節會示範喔！

3 認識電子書與匯出成PDF檔

想閱讀書籍,一定要拿起厚重的紙本印刷品、逐頁翻閱嗎?
現在,有另一種選擇,那就是使用螢幕來閱讀【電子書】!

▶ 閱讀電子書的平台

桌上型電腦
(或筆記型電腦)

平板電腦

智慧型手機

▶ 電子書上有什麼

透過電子書製作軟體,可以將 PDF 檔轉成電子書,再加上文字、圖片、
聲音、影片、動畫...等多媒體素材,簡直就像是哈利波特魔法書喔!

一般來說,在操作上,
上一頁、下一頁、跳頁
與模擬手動翻頁,都是
電子書必備的功能喔!

▶ 匯出成 PDF

將文件匯出成 PDF 檔，可以在大多數的電腦與載具上閱讀，而且檔案小，便於分享與傳輸喔！

①

按【檔案】點【匯出為】
選【直接匯出為 PDF】

點選【匯出為 PDF】，
在【安全性】標籤下，
還能為文件設定密碼。

②

選擇儲存路徑，存檔類型
選【PDF】，按【存檔】
就完成囉！

可以閱讀 PDF 檔的免費
軟體很多，可從網路搜
尋下載，其中以【Adobe
Reader】最穩定普遍。

下載網址：
https://get.adobe.com/tw
/reader/

 老師說

閱讀 PDF 文件，
超方便！

【PDF】檔的特性

◎ 檔案小、便於攜帶傳輸

◎ 無紙化閱讀、超環保

◎ 網路傳遞容易、不受專用製作軟體限制

◎ 完整保留 Writer 文字格式、圖片與版面

文書處理加油站

動手DIY - 製作成小手冊

同學們，做好的報告也可以列印出來，做成小手冊喔！

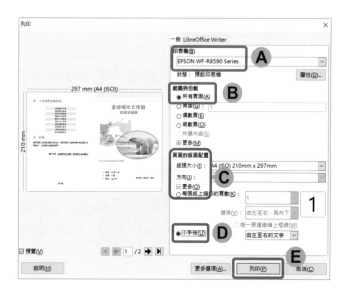

❶ 按【檔案】選【列印】

❷ A 選擇印表機

B 點【所有頁面】

C 點開【頁面的版面配置】下方的【更多】

D 點【小手冊】

E 按【列印】

❸ 將列印出的紙張擺放如圖示，讓 2 張空白面互相黏貼，之後向內對折，小冊子就完成了。

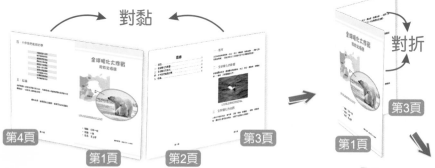

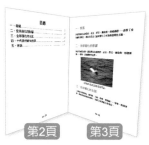

列印後依順序，兩張一組，背對背黏貼，堆疊在一起向內對折，再從中間裝訂起來(騎馬釘)，就完成圖示的書冊了。

我是高手 　自訂目錄與頁碼

延續上一課的【我是高手】，製作目錄、編排內文，完成這份報告吧！

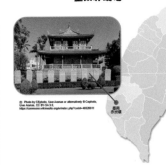

示範參考

製作完成小手冊！

練功囉

( )**1** 在文件上插入【分頁符】是為了？

　　1. 增加新頁面　　　　2. 增加符號　　　　3. 不知道

( )**2** 想建立一致性的標題，要按？

　　1. A✎　　　　　2. H₁　　　　3. Aᴛ

( )**3** 想建立一致性的內文，要按？

　　1. Aᴛ　　　　　2. A✎　　　　3. H₁

( )**4** 下面哪一個是電子書的好處？

　　1. 便於攜帶傳輸　　　2. 環保無紙化　　　3. 以上皆是

進階練習圖庫　　　景點照片

延續上一課，可以使用本書光碟【進階練習圖庫】資料夾中的【景點照片】，完成報告的內頁喔！

宜蘭吉米公園

台北大湖公園

新北十三行博物館

嘉義陶板窯

Writer 常用快速鍵

開啟舊檔	Ctrl + O	取消復原	Ctrl + Y
新增文件	Ctrl + N	選取所有物件	Ctrl + A
儲存檔案	Ctrl + S	選取所有文字	Ctrl + A
★ 複製文字、物件	Ctrl + C	左右對齊	Ctrl + J
貼上文字、物件	Ctrl + V	★ 插入超連結	Ctrl + K
★ 剪下文字、物件	Ctrl + X	復原上一個動作	Ctrl + Z

★ 需在選取狀態下使用

YES!

趕快學起來，
編輯文件
更快、更輕鬆喔^^

Writer 7.x 文書自由學 LibreOffice

圖書編號：SA41
ISBN：978-986-96307-7-1

作　　者： 小石頭編輯群・蔡慧儀
發 行 人： 吳如璧
出 版 者： 小石頭文化有限公司
　　　　　 Stone Culture Company
地　　址： 臺北市內湖區康寧路三段22–1號2樓
電　　話： (02)2630-6172
傳　　真： (02)2634-0166
E - mail： stone.book@msa.hinet.net
郵政帳戶： 小石頭文化有限公司
帳　　號： 19708977

致力於環保，本書原料和生產，均採對環境友好的方式：
・日本進口無氯製程的生態紙漿
・Soy Ink 黃豆生質油墨
・環保無毒的水性上光
SAVE THE WORLD
PRINTED WITH SOY INK
ECO-PULP エコパルプ

國家圖書館出版品預行編目(CIP)資料　　定價 249 元 ・ 2021 年 04 月　初版

Writer 7.x 文書自由學 LibreOffice
／小石頭編輯群・蔡慧儀 編著
-- 臺北市：小石頭文化有限公司
　 2021 .04　　面；　公分

ISBN 978-986-96307-7-1 (平裝)

1. 電腦教育　　2. LibreOffice (電腦程式)
3. 小學教學

523.38　　　　　　　110005197

書局總經銷：
聯合發行股份有限公司
電話：(02) 2917-8022

學校發行：
校園文化事業有限公司
電話：(02) 2659-8855

零售郵購：
服務專線：(02) 2630-6172